Revue de littérature comparée

2-2021

avril - juin 2021
Quatre-vingt-quinzième année

Directeurs : P. Brunel, V. Gély
et D.-H. Pageaux

Directeurs (1921 à 1999) : F. Baldensperger,
P. Hazard, J.-M. Carré, M. Bataillon, J. Voisine,
P. Brunel

Klincksieck • 95, boulevard Raspail • 75006 Paris

Sommaire

La *RLC* a 100 ans (II)

Articles

Avant-propos

L'année du centenaire de notre revue se poursuit — comme nous l'avions annoncé dans le premier numéro — par une suite de « témoignages » que certains membres du Comité d'Honneur ont bien voulu nous adresser, répondant à la suggestion que nous leur avions faite : proposer, sur le mode personnel, les éléments d'une réflexion sur notre discipline, voire le bilan d'un engagement tant au plan national qu'international. Si certains textes mettent plutôt l'accent sur des problèmes théoriques ou méthodologiques, tous offrent, à des degrés divers, ce que nous souhaitions recueillir : la trajectoire d'une pensée, les étapes d'un parcours largement ouvert sur les divers domaines qui composent le champ comparatiste.

On découvrira — ou l'on retrouvera — avec intérêt et profit des réflexions sur un aspect traditionnel de nos études, parmi les plus anciens, les relations littéraires et culturelles internationales pour lesquelles Mme Meng Hua fait un généreux plaidoyer ou la leçon permanente des « classiques » antiques rappelée et illustrée par Carlos García Gual ou, au contraire, les perspectives nouvelles ou renouvelées qu'a suscitées l'entrée en scène des littératures de l'Afrique francophone et anglophone et que retrace Janos Riesz. Au-delà de l'anecdote, on pourra méditer sur les grandeurs et servitudes d'une carrière largement franco-germanique, celle de Manfred Schmeling, lequel, au nom même de l'idéal comparatiste, se joue des frontières, ou sur les recherches menées, depuis Rio de Janeiro, sur les littératures des Amériques par Eduardo Coutinho ; ou sur l'engagement intellectuel de Giuseppe Puglisi, sollicité tour à tour par le dialogue des cultures et les activités éditoriales.

Dans l'esprit du numéro précédent, l'année 1921 a fourni encore la matière à trois contributions, essentiellement centrées sur des figures : un des premiers compagnons de route de la revue, Georges Le Gentil, spécialiste des littératures ibériques auquel D.-H. Pageaux rend hommage, un collaborateur croate occasionnel, Slavko Ježić, pour deux brèves études, en particulier une traduction slovène de Molière, dont Tone Smolej a suivi la carrière. Un poète de la période révolutionnaire, le « La Fontaine alsacien », a retenu l'attention d'Yves-Michel Ergal. De son côté, Yvan Daniel a poursuivi jusqu'en 1925 une enquête sur la « présence » dans la *RLC* des littératures d'Extrême-Orient. Enfin, Jean-Pierre Morel qui fut pendant de longues années le secrétaire de notre revue et membre actif du Comité de lecture, a souhaité donner sur un sujet qui lui est familier, autour de Kafka, des lumières nouvelles.

Nos lecteurs, parmi les plus anciens ou les plus fidèles, seront peut-être surpris de trouver un texte publié en langue espagnole. Parlons plutôt, après des décennies d'absence, d'une réapparition qui répond à un souhait de Madame Caroline Noirot, directrice des Éditions des Belles Lettres, soucieuse d'élargir et de diversifier l'audience de la revue. Assurément, ce sera, dans les prochaines années, une perspective que nous aurons à cœur de développer.

La surprise — s'il fallait en trouver une, en un temps où la célébration du passé oblige aussi à tourner les yeux vers l'avenir — serait à chercher, au verso de la couverture, dans la composition d'un Comité d'Honneur non seulement renouvelé, mais élargi. Deux nouveaux membres ont déjà participé récemment à nos travaux : Ute Heidmann, professeure à l'Université de Lausanne, a plaidé, dans le numéro consacré aux « comparatismes de la différence » coordonné par Bernard Franco (4/2020), pour un comparatisme « différentiel et plurilingue » et William Marx, professeur au Collège de France, a donné, dans le précédent numéro, une brève et dense contribution sur le climat intellectuel qui a présidé au lancement et aux débuts de la *RLC*.

Aux côtés du romancier et essayiste italien Claudio Magris est venue se joindre Vénus Khoury-Ghata, née au Liban, vivant en France depuis 1972, dont l'œuvre poétique et romanesque est considérable et à qui l'on doit *Les derniers jours de Mandelstam* et *Marina Tsvétaïéva, mourir à Elabouga*. Adriana Crolla, professeure à l'Université du Litoral/Santa Fe en Argentine, nous a fait l'amitié d'être des nôtres : elle dirige depuis vingt ans la revue comparatiste *El Hilo de la Fábula* dont il sera aussi question dans le quatrième numéro de 2021 consacré à un panorama mondial des revues comparatistes. De même, nous nous réjouissons de la venue d'Abdeljalil Lahjomri. Docteur ès-lettres de l'Université de Nanterre et auteur d'un livre essentiel sur *Le Maroc des heures françaises*, il a dirigé le département de langue et littérature françaises de l'Université de Rabat ; il est actuellement directeur du Collège Royal et secrétaire perpétuel de l'Académie du royaume du Maroc. Enfin un comparatiste qui a enseigné à la Sorbonne – Paris IV, docteur d'État, spécialiste des lettres antiques (entre autres Virgile, Ovide, Tacite), mais aussi de Mérimée et d'Oscar Wilde, auteur, entre bien d'autres ouvrages, d'un *Dictionnaire amoureux de l'école*, aussi agréable que nécessaire, de nos jours, Xavier Darcos, ancien ministre, membre de l'Académie Française et Chancelier de l'Institut, nous a fait l'immense honneur d'accepter notre invitation.

On le voit : la diversité des compétences, le prestige individuel le disputent à la variété des horizons intellectuels et culturels, comme autant d'atouts, dans les années qui viennent, pour notre revue. Mais c'est à nous et aux deux comités de rédaction et de lecture qu'il revient en priorité d'assurer et de poursuivre, par l'action et d'autres initiatives, le dynamisme et le rayonnement de la *Revue de littérature comparée*.

Pierre BRUNEL, Véronique GÉLY, Daniel-Henri PAGEAUX

« Sans fondement, aucune chose n'a sa raison d'être » : sur le statut et le rôle des échanges littéraires internationaux

Depuis longtemps, un malaise semble persister dans le monde de la littérature comparée : Vaut-elle la peine d'exister ? Et pour combien de temps ? Poussée à l'extrême, ce genre de question conduirait à terme à la disparition de la discipline. Cet état de fait peut s'expliquer par plusieurs raisons. En premier lieu, la prise de conscience de la comparaison et l'approche comparative ne sont plus exclusivement réservées à la littérature comparée. En deuxième lieu, l'avancée des études culturelles aboutirait à terme à sa disparition. En troisième lieu, les études de traduction, en plein essor, pourraient également se substituer à elle. En dernier lieu, pour les plus pessimistes, elle serait effectivement vouée à la disparition... À première vue, ces affirmations semblent plus ou moins raisonnables, puisque toute chose a son processus de naissance, de développement et de disparition. Il en irait de même pour une discipline appelée à se retirer un jour de la scène historique.

Pourquoi remet-on en cause la littérature comparée ? À l'évidence, cette question est étroitement liée au statut imprécis de la littérature comparée dès sa naissance. Comme je l'ai écrit, cette identité indéfinie due à sa position marginalisée peut être qualifiée de « péché originel » et la littérature comparée continuerait de porter le fardeau de ce « péché originel » même encore dans ce nouveau millénaire [1]. En fait, son statut marginalisé et son caractère interdisciplinaire sont reconnus par la plupart des comparatistes, et cela ne mérite pas qu'on en discute. Mais il se pourrait que la disparition ou la dislocation de notre discipline soient liées à ce « péché originel ». Afin de libérer cette discipline de toutes les inquiétudes issues d'un « péché originel », il importe avant tout de réhabiliter son statut particulier. En d'autres termes, il est nécessaire de retrouver le fondement de la littérature comparée, en tant

---

1. Meng Hua, « Du "péché originel" de la littérature comparée », *Cultures et théories littéraires sino-étrangères*, n° 1, 1996.

que discipline marginalisée. Cet article a pour objectif de faire des réflexions en ce sens, à titre expérimental.

1. Rappel historique

Afin de réhabiliter le statut de la littérature comparée, il est utile de reprendre brièvement l'histoire de sa genèse et de son évolution, ainsi que le fondement de notre discipline.

La littérature comparée est née des histoires littéraires nationales. Au XIXᵉ siècle, où la littérature tend à devenir transnationale, le terme « comparée », très à la mode, est utilisé dans l'expression « littérature comparée », comme pour d'autres disciplines. Ce mot désigne un ensemble de phénomènes littéraires transnationaux résultant des échanges littéraires, appelés plus tard échanges littéraires internationaux ou relations littéraires internationales. C'est aussi une première orientation de recherche en littérature comparée, en même temps que le résultat des échanges littéraires et le produit de l'esprit épris d'ouverture et d'universalisme.

Certains Chinois comprennent mal cela. Selon eux, si la littérature comparée est née en France, c'est parce que les Français, forts de leur longue tradition littéraire, ont voulu « exporter » leur littérature et faire montre de leur gloire. Indéniablement, durant l'entre-deux-guerres, certains Français ont fait preuve de chauvinisme. Mais c'est un problème qui s'est posé à un moment donné, et non pas un courant principal ou l'état initial de la discipline. Il est facile de constater que la naissance d'une telle discipline est due à un esprit d'ouverture dans la France d'alors, et que dans *De la littérature* et *De l'Allemagne*, Mᵐᵉ de Staël a essayé d'attirer l'attention du public sur les richesses littéraires ou culturelles non françaises. En 1817, François Noël a utilisé pour la première fois l'expression « littérature comparée » dans les *Leçons anglaises de littérature et de morale sur le plan des leçons françaises et des leçons latines*, en vue d'illustrer la morale et la littérature anglaises introduites dans les œuvres françaises et latines[2]. Après lui, Villemain, Jean-Jacques Ampère, Edgard Quinet ou Philarète Chasles ont analysé l'influence des littératures anglaise, allemande, italienne etc. sur la française[3]. En fait, sans échanges littéraires entre les différents pays européens[4], il serait difficile d'interpréter un phénomène littéraire dans le seul cadre d'une littérature nationale, comme par exemple pour le romantisme et, de plus, on peut soutenir que la littérature comparée n'aurait jamais pu naître. Les premiers comparatistes,

---

2. Voir Yves Chevrel, *La Littérature comparée*, PUF, 1989, p. 8.
3. Voir Pierre Brunel Claude Pichois et André-Michel Rousseau, *Qu'est-ce que la littérature comparée ?*, traduit par Ge Lei, Zhang Liankui, Beijing, Presses universitaires de Beida, 1989, p. 20-21.
4. Voir *Qu'est-ce que la littérature comparée ?*, p. 52. Voir aussi Guyard, *La Littérature comparée*, traduit par Yan Bao, Beijing, Presses universitaires de Beida, 1983, p. 1.

en ne prenant pas la France comme source ou pays exportateur, étaient conscients des liens étroits qui avaient été tissés entre leur littérature et d'autres au plan européen. C'est dans cet esprit qu'ils ont souhaité remonter aux sources étrangères, tout en élargissant leur horizon. Si aujourd'hui leurs travaux nous paraissent quelque peu naïfs ou simplistes, c'est parce qu'ils se contentèrent souvent d'énumérer des influences ou des recoupements dans et entre les différentes littératures, sans pousser plus en profondeur les liens et les logiques internes, les échanges, dialogues et les interactions littéraires et culturelles. Mais leurs efforts visant à clarifier les échanges littéraires se révélaient déjà louables en soi, puisqu'ils mettaient en évidence l'ambition des premiers comparatistes de démanteler les frontières et les barrières et d'entreprendre des études littéraires avec un regard international, même s'il s'agissait plutôt à l'époque du seul espace européen.

Ce bref rappel historique montre cependant que la notion de littérature comparée est bien fondée sur « un esprit de cosmopolitisme, de libéralisme et de générosité, niant tout exclusivisme, tout 'isolationnisme' »[5]. Quand bien même tous les chercheurs français n'ont pas complètement hérité de cet esprit, ou ne l'ont pas mis en pratique, on ne saurait nier que l'ouverture est la base, on voudrait dire l'âme, de la littérature comparée, comme Pierre Brunel a pu résumer la nature et l'essence de la discipline. Posons alors les questions suivantes : cet esprit d'ouverture n'est-il pas issu des échanges culturels et littéraires ? Ne peut-il pas en tirer profit pour se développer ?

2. La littérature comparée : une discipline qui étudie les échanges culturels

Les échanges culturels et littéraires sont à l'évidence le fondement de la littérature comparée. Pour cette raison, aucun manuel en la matière ne peut négliger les liens issus de ces échanges, aucun comparatiste ne peut passer sous silence le rôle joué par les échanges culturels et littéraires. Bien plus : selon Marius-François Guyard, les échanges culturels sont l'un des espoirs de l'humanité. Isolée, toute littérature est vouée à l'étiolement et toute littérature « nationale » a besoin d'éléments étrangers[6].

En traitant les relations entre la littérature comparée et les échanges cultu-rels, Ji Xianlin[7] a formulé une thèse singulière qu'il n'a pas hésité à avancer en ces termes : « La littérature comparée relève des échanges culturels. [...] Dès l'aube de la société humaine, les échanges culturels se sont poursuivis, sans arrêt, entre les différents peuples et régions, partout dans le monde.

---

5. *Qu'est-ce que la littérature comparée ?*, p. 17.
6. Marius-François Guyard, *La Littérature comparée, op. cit.*, p. 118.
7. Ji Xianlin (1911-2009) est un indologue, linguiste, paléographe, historien, et écrivain chinois.

[...] La littérature comparée s'est attachée justement à explorer les échanges culturels au plan littéraire[8]. »

Cette affirmation a eu un écho considérable et elle concerne en effet, directement, l'un des aspects fondamentaux de la littérature comparée. Sur ce point, Ji Xianlin dépasse ses prédécesseurs, en proposant une idée proprement novatrice. S'il n'est pas le premier à parler de littérature comparée sous l'angle des échanges culturels, il l'est en revanche quand il soutient, sans ambiguïté, qu'elle relève et procède des échanges culturels. Pour la première fois, il a proposé que la littérature comparée soit un « courant » dont la « source » était les échanges culturels. Cette idée est, de fait, d'une importance proprement vitale pour la discipline.

Les échanges littéraires et culturels, source de la littérature comparée, sont comme une trame vitale qui traverse toute recherche comparatiste. Le rappel historique qui vient d'être fait révèle que la littérature comparée dépend de ces mêmes échanges dans son évolution : naissance, existence, développement. Ceci étant posé, il est aisé de justifier la raison d'être de la littérature comparée, qui met à profit ces « échanges culturels » qui l'ont accompagnée et continuent de le faire. Allons plus loin : la recherche en littérature comparée continue à proportion que perdurent ces échanges. À plus forte raison, aujourd'hui, quand on tend à reconnaître ces échanges et à en favoriser le dialogue et l'étude, ce qui peut apparaître comme une tendance mondiale irréversible. Dans cette optique, on comprend mal en quoi cette discipline qui étudie « les échanges culturels sur le plan littéraire », pourrait traverser une quelconque crise et pour quelle raison elle pourrait être menacée par une sorte de disparition. Toutes ces suppositions ne sont que mal fondées.

De mon point de vue, Ji Xianli a défini l'identité de la littérature comparée et retrouvé pour l'essentiel sa raison d'être. Invoquer « les échanges culturels sur le plan littéraire » semble suffire pour que la discipline puisse faire face à toute contestation.

3. Position de l'étude des échanges littéraires internationaux en littérature comparée

En ce qui concerne la place effective de l'étude des échanges littéraires internationaux en littérature comparée, il semble pertinent de distinguer, de façon très large, deux périodes, avant et après la crise des années 1960. Avant, elle a occupé une place prédominante, après, même si on lui accorde quelque attention, elle est de plus en plus négligée, par exemple aux États-Unis et, en ce qui concerne sa sphère d'influence, elle va même jusqu'à être

8. « La littérature comparée et les échanges culturels », dans *Littérature comparée et littérature folklorique*, Beijing, Presses universitaires de Beida, 1991, p. 313.

remplacée ou éclipsée par d'autres études. Un tel changement commence de fait par la mise en cause de ce qu'on a pu appeler « l'école française » et par la promotion d'études qui ressortissent à la poétique comparée qui a connu dans le même temps un réel essor.

Or, le moment est venu, après ces crises, de réexaminer la place de l'étude des échanges littéraires internationaux en littérature comparée. En dépit de problèmes qui ont pu se poser, on peut soutenir qu'elle reste un des domaines de recherche propres à la discipline ; mieux, un de ses fondements. C'est alors l'occasion de citer le proverbe chinois : « Sans fondement, aucune chose n'a sa raison d'être ».

Au reste, on observe que l'étude des échanges littéraires internationaux a évolué et s'est renouvelée avec la prise en considération des interactions entre pays émetteur et pays récepteur, lequel semble occuper une place désormais centrale, avec les apports de la critique textuelle. À ce propos, l'imagologie est un exemple particulièrement représentatif de ce renouveau. L'image d'un pays étranger est à étudier aussi à partir du pays récepteur à différents niveaux : représentation, diffusion, influence, interprétation et, à ce titre, elle relève de l'étude des échanges littéraires internationaux. À l'aide de méthodologies diverses, telles que la sémiologie, le structuralisme et l'esthétique de la réception, elle a pu opérer un renouveau dans sa problématique qui ne cesse de s'approfondir et de s'élargir[9]. Et il en va de même pour les études de traduction qui s'inscrivent de plein droit dans les relations littéraires internationales et qui peuvent s'inspirer utilement des études culturelles. Quant aux études portant sur la médiation littéraire et culturelle, elles se sont également élargies, en ne se bornant plus à des recherches linéaires, unilatérales, portant sur de simples transferts culturels et littéraires : elles se sont au contraire tournées vers des phénomènes d'interactions culturelles, donc bilatérales, accordant une attention particulière à l'évolution du statut de la « médiation » dans tous les types d'échanges.

En prenant en compte tous ces changements, il semble opportun de conclure que les comparatistes, au lieu de se contenter de décrire de simples phénomènes ou de relever de simples faits, cherchent, sur la base d'une meilleure maîtrise des « rapports de fait », à réexaminer, dans un esprit et une optique critiques, des faits qui découlent des échanges littéraires et culturels, à en sonder les causes profondes et leurs logiques propres. En un mot, l'étude des relations littéraires internationales, aujourd'hui, a introduit, par rapport à sa pratique ancienne ou traditionnelle, dans sa réflexion et dans ses thèmes de recherches, une évidente dimension problématique et critique.

On peut alors, non sans raison, rappeler ce qu'avait dit Étiemble, il y a plus d'un demi-siècle, dans la perspective d'une littérature comparée justement

---

9. Voir Meng Hua, « Études imagologiques : globalité et complexité », dans *Littérature comparée en Chine*, n° 4, 2000.

renouvelée : « [...] une littérature comparée qui, associant la méthode historique et l'esprit critique, les recherches d'archives et les explications de textes, la prudence du sociologue et l'audace du théoricien de l'esthétique, fournirait à notre discipline, d'un seul coup, un objet digne d'elle et des méthodes appropriées[10]. » S'il pouvait prendre connaissance de l'état actuel de cette discipline, gageons qu'il conclurait qu'une partie de ses vœux a été exaucée.

4. Redéfinition de la sphère de recherche et des méthodes dans l'étude des relations littéraires internationales

L'étude des échanges littéraires et culturels internationaux consiste d'abord, sans conteste, à décrire des rapports de fait inhérents à ceux-ci. Aussi prend-elle inévitablement une dimension historique. Pourtant, comme on l'a remarqué, elle est loin d'être une étude purement historique qui éclaire ou clarifie le prétendu « commerce » des idées et des faits. René Wellek a qualifié les échanges littéraires internationaux de « commerce littéraire ». Pierre Brunel a fait observer que « [si] le troc peut s'accompagner d'une gesticulation très simple, la littérature veut plus de nuances[11]. » Les échanges littéraires et culturels, en effet, censés être des activités intellectuelles supérieures, exigent une étude complexe et multidimensionnelle, tant au plan interne qu'externe.

Étant donné que ce type d'étude s'intéresse à des phénomènes ou à des faits interculturels ou interlinguistiques apparus lors d'échanges littéraires et culturels, on peut soutenir qu'elle relève aussi des études de réception. Mais répondre à la question du « Comment » ne constitue qu'une première recherche, et, sur cette base, il est préférable de discuter et d'analyser le « Pourquoi ». Plus précisément, comment et pourquoi ces phénomènes et faits ont-ils pu être engendrés, évoluer et prendre forme ? Il est essentiel d'élucider ce que l'on nommera leur logique propre, intrinsèque. Dans cette optique, il est souhaitable d'étudier les liens externes, en l'occurrence, les faits, les phénomènes, leurs rapports avec le contexte socio-culturel, d'une part, et, d'autre part, de mettre en évidence la genèse de ces « relations » soit dans la perspective de rapports de fait, soit dans une approche analogique, sans qu'il y ait donc nécessairement des « rapports de fait ». En ce cas, une telle étude s'oriente vers des réflexions internes et d'ordre esthétique.

Prenons l'exemple du symbolisme en Chine. Il y a été introduit, dès les années 1920, par des poètes comme Dai Wangshu[12]. Des spécialistes estiment que le symbolisme chinois est proche du mouvement français, après avoir éclairci les rapports possibles, la correspondance entre les deux et également

---

10. Étiemble, *Comparaison n'est pas raison : la crise de la littérature comparée*, Gallimard, 1963, p. 77.
11. *Qu'est-ce que la littérature comparée ?*, p. 38.
12. Dai Wangshu (1905-1950) est un poète et traducteur chinois.

le contexte littéraire et culturel où se trouvaient ces poètes chinois[13]. C'est ainsi que la recherche, située au départ dans le cadre d'échanges littéraires, culturels, de rapports de fait, doit s'orienter aussi vers la poétique comparée.

Liang Zongdai[14] a pu établir un rapprochement entre le symbolisme et l'allégorie (xing), un des six procédés dans le *Classique des vers*, en considérant que le *xing* pouvait exprimer des subtilités symbolistes[15]. Effectivement, il existe une parenté, quelque chose de commun, entre le *xing* et le symbolisme, si l'on étudie de plus près un poème *Cai wei* du *Classique des vers* et *La lune blanche* de Verlaine.

> *Ca wei*[16]
>
> À mon départ, le saule en pleurs ;
> Au retour, tard, la neige en fleurs.
> Lents, lents mes pas,
> Lourd, lourd mon cœur ;
> J'ai faim, j'ai soif,
> Quelle douleur !
>
> *La lune blanche*
>
> La lune blanche
> Luit dans les bois
> De chaque branche
> Part une voix :
> Sous la ramée
> Ô bien-aimée !

En lisant ces deux poèmes, on peut avoir l'impression qu'il n'y a pas à première vue de rapports évidents entre l'un et l'autre. Mais, dans le premier mouvement de chaque poème, le poète évoque un paysage comme « un signe susceptible de véhiculer l'état d'âme de l'homme », « un paysage en son for intérieur, au plus profond de sa part la plus intime »[17], ou une sensation de joie ou de mélancolie. Ce que Liang Zongdai a noté sur le symbolisme justifie alors une interprétation qui va dans le sens d'un rapprochement entre les deux poèmes.

On comprend par là même qu'il ne suffit pas de s'appuyer sur les rapports de fait pour étudier la similarité entre les deux écoles symbolistes, mais qu'il importe d'adopter aussi une approche d'ordre analogique et d'aboutir à une

---

13. Voir *De l'histoire de la poésie moderniste chinoise*, Beijing, Presses universitaires de Beida, 1999, p. 44-50.
14. Liang Zongdai (1903-1983) est un poète et traducteur chinois.
15. Liang Zongdai, *La poésie et le vrai II*, Beijing, Maison d'Édition Littérature étrangère, 1984, p. 66.
16. Xu Yuanchong, *L'art de la traduction*, Presses intercontinentales de Chine, 2018, p. 20.
17. Liang Zongdai, « Symbolisme », dans *La poésie et le vrai II*, p. 66.

étude qui ressortit à la poétique comparée. On peut alors s'apercevoir qu'au-delà d'apparentes similitudes entre le *xing* et le symbolisme, il existe, plus profondément, des différences culturelles qu'il convient de mettre en lumière.

Le symbole, chez les symbolistes français, consiste à associer deux réa-lités pour produire un signe nouveau, un rapport nouveau entre le signifiant et le signifié, alors que la poésie traditionnelle chinoise insiste, au contraire, sur l'intertextualité, une représentation mentale ou une suggestion née d'un rapport conventionnel. D'où une différence esthétique entre les deux écoles. Ces poètes chinois se sont inspirés, partiellement, de la théorie du symbolisme français, en recourant à des éléments formels (musicalité...) pour revivifier leur propre tradition poétique. Ainsi, des phénomènes similaires ne signifient pas qu'ils sont nés pour des raisons semblables. Bien au contraire, une différence contextuelle engendre souvent des finalités ou des significations qui varient d'une manière correspondante. C'est seulement par une approche esthétique que l'on peut dévoiler sinon l'essence, du moins le sens profond des cultures chinoise et française, appréhender les courants et les évolutions littéraires, approfondir l'étude des relations littéraires internationales, et répondre enfin à la question « Pourquoi ».

Cet exemple montre que, dans certains cas, l'étude des relations lit-téraires internationales impose d'adopter une approche analogique et de recourir à une réflexion d'ordre esthétique. Pour essayer de répondre à la question « Pourquoi », cela supposerait de recourir à l'histoire des idées, à la sociologie, à la philosophie, à la religion, à l'histoire de l'art, en un mot, à des études interdisciplinaires. Mais ceci est également visible dans les études conventionnelles. Comme je l'ai montré dans *Voltaire et Confucius*, Confucius était très à la mode en France au XVIIIe siècle, « [...] car, de toute évidence, les Français, enlisés dans des crises sociale et religieuse, portent un regard ouvert au reste du monde. [...] Une Chine aussi merveilleuse et fabuleuse sous la plume des jésuites, un empire si ancien, si prospère, si puissant, plusieurs fois millénaire ne pouvait que susciter un fort intérêt des Français, intéressés de plus par la pensée de Confucius[18]. » Ce type de recherche qui implique l'histoire des idées, l'imaginaire social, la religion, entre autres, est bien interdisciplinaire, interlinguistique et interculturelle.

À ce stade, il est possible de définir sur de nouvelles bases la sphère de recherche sur les relations littéraires internationales et les méthodes pour les étudier. L'étude des relations littéraires accorde nécessairement une attention particulière aux phénomènes et faits interculturels ou interlinguistiques qui en résultent. Sur la base d'abord des rapports de fait, il importe d'explorer les causes, les évolutions, les conséquences, les effets de ces phénomènes et de ces faits, pour passer ensuite aux problèmes littéraires et culturels qui en découlent. Une telle étude convoque aussi les études de réception, sans

---

18. Meng Hua, *Voltaire et Confucius*, Beijing, Maison d'édition Xinhua, 1993, p. 59.

oublier les perspectives méthodologiques qui relèvent de l'analogie et de l'interdisciplinarité. Une telle étude est donc complexe et transversale.

5. Rapports entre l'étude des échanges littéraires internationaux et d'autres branches de la discipline

Si l'on accepte cette proposition de définition, l'étude des échanges littéraires internationaux ne saurait s'opposer à la poétique comparée, d'autant plus qu'elle a besoin de celle-ci pour de nécessaires approfondissements. Les deux exemples qui viennent d'être évoqués illustrent parfaitement les liens étroits entre les deux approches. C'est en ayant recours à la poétique comparée que l'on peut véritablement répondre à la question « Pourquoi ».

Mais, inversement, une recherche dans le domaine de la poétique, quel que soit son sujet (genre, rhétorique, stylistique, métrique, image, structure etc.) se doit de procéder préalablement à une interrogation sur l'existence ou non d'échanges, de rapports d'ordre historique. À plus forte raison, de nos jours, quand on voit que les notions littéraires dont on se sert, sont originaires d'Occident, qu'elles ont été comme transplantées, de manière directe ou indirecte, et qu'elles peuvent avoir des liens ou des rapports avec les littératures européenne, américaine ou japonaise. Sans l'examen des échanges littéraires internationaux, sans une clarification des transferts culturels dont ces notions sont l'expression, dans leur passage d'Occident en Orient, sans la connaissance de leurs expressions en chinois, de leur traduction d'abord en japonais, puis en chinois, sans la prise en compte des changements ou des évolutions qui se sont produits au cours de ce processus de traduction, du rôle que ces traductions ont pu jouer dans la formation d'une possible nouvelle perception de l'histoire de la littérature chinoise, une étude de poétique comparée manque singulièrement de fondement. De ce point de vue, Qian Zhongshu[19] a raison d'insister quand il affirme : « Pour développer notre propre littérature comparée, une des missions est d'éclaircir les relations entre les littératures chinoise et étrangères[20]. »

D'ailleurs, l'étude des relations littéraires internationales revêt une signification importante et profonde pour un comparatiste. Elle peut l'aider à développer des compétences de base, dans le domaine de l'histoire et des méthodes associées. Rappelons le portrait du « comparatiste idéal » proposé par Étiemble : « Qu'on m'entende bien. Je n'entends pas proscrire de notre formation la discipline historique. [...] Je trouve raisonnable, et même nécessaire, que tout comparatiste étudie, du point de vue historique, un secteur au

---

19. Qian Zhongshu (1910-1998) est un écrivain et critique littéraire chinois.
20. Zhang Wending, « Points communs et tendances différentes : évolution de la littérature comparée des deux côtés du détroit de Taiwan », *Bulletin de la littérature comparée*, n° 2, 1988, p. 24-25.

moins du temps et de l'espace où *les rapports de fait* ont joué à plein[21]. » Cette prise de position, dans son contexte, pose de fait deux exigences au comparatiste : d'abord avoir des connaissances historiques et théoriques, ensuite adopter une approche qu'on peut appeler « positiviste » par le rappel à des « rapports de fait ». De son côté, Earl Miner a avancé une idée comparable à propos de l'histoire, estimant que les notions littéraires ont subi, sans aucun doute, l'influence du temps et de son évolution, et qu'il est nécessaire de remonter historiquement aux sources des théories[22].

Concernant la dimension temporelle, historique, des théories et notions littéraires, Yang Zhouhan[23] a tenu des propos qui paraissent plus clairs et familiers aux Chinois. En traitant de la littérature baroque, il a réfuté l'idée que le baroque existe dans la littérature chinoise antique :

> La lutte politique en Chine du 9e siècle n'a pas changé l'évolution de l'histoire, alors que, au 17e siècle, c'est autant une ligne de partage dans l'histoire européenne que le passage d'un ordre ancien à un nouveau. Si le baroque est un style propre à l'Europe du 17e siècle, comment a-t-il pu naître dans la Chine du 9e siècle, si différente de l'Europe du 17e siècle ? C'est seulement en gardant à l'esprit le contexte historique et l'état d'âme des lettrés chinois que l'on pourra mieux comprendre ce que signifient la perplexité de Li Shangyin[24] et la mélancolie de Meng Jiao[25]. Ils ont exprimé leurs propres sentiments dans un parfait style artistique, mais ils ne sont pas des poètes baroques[26].

Yang Zhouhan a tiré sur un délicat problème une conclusion convaincante, en maîtrisant avec précision les deux objets de comparaison, et en faisant parler l'histoire. Il a démontré que chaque style littéraire est né dans son propre contexte historique. Cette conclusion, marquée par une dimension historique, peut constituer un bon exemple de recherche comparatiste.

Ce que nous appelons « positivisme » associé à la dimension historique peut apparaître comme le socle possible de travaux en littérature comparée, en tant que science humaine. Hu Shi[27] a plaidé pour une méthodologie dite « audacieuse hypothèse, prudente recherche ». C'est une devise ou un idéal que peut adopter tout comparatiste.

D'un point de vue historique, l'étude des échanges littéraires internationaux est bien une branche à la fois traditionnelle et particulière de notre

21. *Comparaison n'est pas raison*, p. 82.
22. Earl Miner, *Poétique comparée*, traduit par Wang Yugen, Beijing, CCTP, 1998, p. 3-4.
23. Yang Zhouhan (1915-1989) est un comparatiste et professeur chinois.
24. Li Shangyin (812 ou 813- 858) est un poète chinois sous la dynastie des Tang.
25. Meng Jiao (751-814) est un poète chinois sous la dynastie des Tang.
26. Yang Zhouhan, *Eurocentrisme*, 1988. Cité par Yue Daiyun, « Relecture de l'"Eurocentrisme" de Yang Zhouhan », dans *Littérature comparée en Chine*, n° 3, 1999.
27. Hu Shi (1891-1962) est un philosophe et écrivain chinois.

discipline : à l'origine de celle-ci, identifions l'existence de « rapports de fait » qui demeurent une des orientations majeures de la recherche comparatiste. Si cette orientation a pu connaître un certain discrédit, au moment de la crise des années 1960, on ne saurait continuer de la maintenir dans un mépris aussi injuste qu'immérité. On doit considérer qu'elle n'exclut nullement des formes très positives d'autoréflexion. Nourrie et vivifiée par l'esprit d'ouverture et la transversalité de la discipline, elle a montré qu'elle pouvait se renouveler et offrir à l'approche critique des nouvelles problématiques.

Aujourd'hui, l'étude des échanges et des relations littéraires internationales ne se limite pas seulement à la constitution de rapports de fait entre les littératures et les cultures, elle vise un objectif plus ambitieux : proposer une réflexion générale, voire théorique sur les phénomènes et les faits littéraires, dévoiler les logiques et les lois intrinsèques aux échanges, dialogues et interactions, et contribuer ainsi à promouvoir ces échanges culturels et littéraires, en proposant à l'horizon de ces recherches une vision humaniste de notre discipline, profitable à toute communauté humaine. Et c'est cette visée humaniste qui est la meilleure réponse aux critiques et aux doutes adressés à notre discipline.

Meng HUA
Université de Pékin

Acerca de traducciones de antiguos clásicos ———

Al comenzar su ensayo "Las versiones homéricas" (recogido en *Discusión*, 1932) escribía J.L. Borges:

> "La *Odisea*, gracias a mi oportuno desconocimiento del griego, es una librería internacional de obras en prosa y verso, desde los pareados de Chapman hasta la *Authorized Version* de Andrew Lang o el drama clásico de Bérard o la saga vigorosa de Morris o la irónica novela de Samuel Butler. Abundo en la mención de nombres ingleses, porque las letras de Inglaterra siempre intimaron con esa epopeya del mar, y la serie de sus versiones de la *Odisea* bastaría para ilustrar un curso de siglos."

He glosado ya alguna vez este texto borgiano, pero me gustaría volver ahora a comentarlo.[1] La idea que expone es sugerente y se presta a discusión. Apunta que las diversas traducciones de una obra clásica — no sólo a través de las épocas y varias lenguas, sino incluso en una misma lengua — representan o sugieren variantes literarias de la misma. Surge así, a partir de un único texto base, "una librería internacional", donde los traductores merecen ser recordados como intérpretes que modifican con su acento propio el mensaje poético. Los ejemplos que aquí ofrece Borges son — con la excepción del francés Bérard — de escritores ingleses, casi todos bien conocidos: G. Chapman, A. Pope, R. Butcher, W. Morris, T.A. Buckley, W. Cowper, A. Lang y S. Butler. Desde luego, Borges no pudo conocer el libro de G. Steiner *Homer in English* (1996), que señala que a lo largo de los siglos XVIII y XIX no hubo año en que no apareciera en inglés al menos una traducción o comentario de Homero. También George Steiner había señalado las notables variaciones de las versiones homéricas, con ejemplos de traductores famosos de la *Ilíada,* citando las de G. Chapman (1611), T. Hobbes (1676), A. Pope (1710), W. Cowper (1791), y R. Lattimore (1951).

---

1. "Borges y los clásicos de Grecia y Roma" en *El descrédito de la literatura*, Barcelona, Península, 1999, p. 288.

Borges conocía, sin duda, algunas de las modernas versiones hispánicas de las epopeyas de Homero, pero él cita las inglesas que había leído, seguramente de niño, en la biblioteca paterna. El número de versiones de los poemas homéricos en español es notablemente inferior al de la amplia tradición británica, y sin duda también al de otras literaturas europeas, tanto si pensamos en las versiones de la *Ilíada* como en las de la *Odisea*, aunque hay que subrayar que en los últimos decenios esas versiones en nuestra lengua, a ambos lados del Atlántico, han aumentado de manera muy notable.[2]

La historia de las versiones de Homero al castellano es muy interesante porque es una buena muestra de los altibajos del humanismo y la filología clásica en nuestro país desde mediado el siglo XVI hasta finales del XIX. No es momento de extendernos aquí sobre este tema, pero sí podemos recordar algún detalle que parece significativo. La primera traducción de la *Odisea* en español fue la de Gonzalo Pérez, a mediados del siglo XVI (en Salamanca en 1555 (los primeros doce cantos, y ya completa en Amberes en 1556 y en Venecia en 1562). Estaba en verso y fue la primera en una lengua románica; y fue la segunda en lengua europea moderna, pues en alemán se había editado unos años antes la versión de S. Scheindereisser, Augsburgo, 1537.[3]

En notable contraste, la primera traducción de la *Ilíada* al castellano aparece a finales del siglo XVIII, la de Agustín García Malo, pues se editó en Madrid, en 1788. Ésta fue pronto superada por otra versión mucho más ajustada y poética, la de José Gómez Hermosilla, en 1831. (Es decir, en época romántica ya muy avanzada). Ciertamente, resulta un tanto asombrosa la fecha tardía de edición de esas primeras *Ilíadas* en verso castellano, lo que apunta bien qué menguada fue en España la tradición humanista y la huella literaria del helenismo clásico, desde mediados del XVI a finales del XVIII.[4]

Añadamos que, para encontrar una buena traducción de la *Odisea* que pudiera competir con la de Gonzalo Pérez, hay que esperar a la de Federico Baráibar, editada en Madrid, ya en 1886; es decir, apareció más de tres siglos después de la primera versión del humanista Gonzalo Pérez, de mediados del XVI.[5]

2. Sobre estas versiones un buen estudio, que queda ya muy añejo, es el de Julio Pallí: *Homero en España* (Barcelona, 1955). Ahora he podido consultar una excelente puesta al día: *Las traducciones de Homero al castellano (siglos XIX y XX)* de Óscar Martínez (Tesis Doctoral, inédita) de 2003. En ella se comentan unas veintitantas traducciones de la *Ilíada* y una docena de la *Odisea*.

3. Cf. mi artículo "La primera traducción de la Odisea. La *Ulixea* de Gonzalo Pérez", en *La luz de los lejanos faros*, Barcelona, Ariel, 2017, p. 257-66. De esta traducción áurea hay una excelente edición comentada de J.R. Muñoz Sánchez, Universidad de Málaga, 2015.

4. Sobre esto puede verse el amplio estudio de Luis Gil Fernández, *Panorama social del humanismo español (1500-1800)*, Madrid, Alhambra, 1981.

5. Aunque hay que anotar algunos intentos meritorios, pero parciales o bien indirectos: las *Odiseas* de Mariano Esparza (México,1837), Antonio de Gironella (Barcelona,1831), Ricardo Canales (Barcelona, 1878).

Por los mismos años en que Baráibar ofrecía su nueva traducción de la *Odisea*, el gran poeta e intelectual cubano José Martí publica un fervoroso ensayo sobre "La *Ilíada* de Homero" (en el primer número de la revista para niños La *Edad de Oro*,1889). En este ensayo — para niños — el poeta cubano recomienda con vibrante entusiasmo la lectura de la epopeya homérica, en su traducción en lenguas modernas, pero descarta como poco vibrante la versión de Gómez Hermosilla. Vale la pena citar sus líneas:

> "Se siente uno como gigante, o como si estuviera en la cumbre de un monte, con el mar sin fin a los pies cuando lee aquellos versos de la Ilíada que parecen de letras de piedra. En inglés hay muy buenas traducciones, y el que sepa inglés debe leer la Ilíada de Chapman, o la de Dodsley, o la de Landor, que tiene más de Homero que la de Pope, que es la más elegante. El que sepa alemán, lea la de Wolff, que es como leer el griego mismo. El que no sepa francés, aprenda enseguida, para que goce de toda la hermosura de aquellos tiempos en la traducción de Leconte de Lisle, que hace los versos a la antigua. Como si fueran de mármol. En castellano, mejor es no leer la traducción que hay, que es de Hermosilla; porque las palabras están allí, pero no el fuego, la majestad, la divinidad a veces del poema en que parece que se ve amanecer el mundo, en que los hombres caen como los robles o como los pinos, en que el guerrero Áyax defiende a lanzazos su barco de los troyanos..."[6]

Pronto no fue necesario aprender francés para leer la resonante traducción de Leconte de Lisle, que fue traducido al castellano en 1915 y publicado en una colección muy popular (Valencia, editorial Prometeo). Algo después, se tradujo su versión de la *Odisea* y sus *Himnos Homéricos* (en la misma editorial, en 1916).[7]

2

Volviendo al texto de Borges podríamos anotar que incluso quien sabe griego encuentra ante sí una "librería internacional", e incluso una nacional, en la prolífica tradición de las sucesivas versiones homéricas. El texto épico griego se espejea en las numerosas versiones *a una misma lengua* con notables variantes en sus reflejos, unos más fieles, otros más sesgados por la reinterpretación y personal estilo del traductor. Y no sólo depende de la nueva estructura de esa lengua, más o menos distante de la original, sino también

6. Cito por la edición de Madrid, Mondadori, 1990, p. 41. En ese artículo el poeta cubano resume la *Ilíada*, p. 35-47. Son unas pocas páginas que, en su prólogo a esta edición, Gastón Baquero califica de "uno de los más asombrosos e invisibles textos de Martí." Notemos que el entusiasmo de Martí le lleva a recordar como "versos de mármol" las líneas de fogosa prosa de Leconte de Lisle.
7. Luego ambas versiones se han reeditado varias veces, incluso en los últimos años. Es interesante notar que cuando se tradujo la versión de Leconte se habían editado pocos años antes las excelentes traducciones en prosa de la *Ilíada* y la *Odisea* de Luis Segalá.

recobra nuevos matices y significados según la interpretación y la época. Entre ambos textos se mantiene una distancia, que depende no sólo de la sensibilidad de época, sino sobre todo de la perspectiva y del estilo adoptada por el traductor. Éste puede esforzarse por ser más o menos fiel al texto, dependiendo de sus conocimientos y su afán de fidelidad, e inclinarse por reflejar la lengua de salida o la de su recepción. Es decir, puede preferir una traducción literal, de intención filológica, o una más libre y de mayor soltura y fluidez literaria. Es una conocida alternativa ya señalada por Cicerón, que distingue entre una versión "palabra por palabra" o una traducción más suelta o libre atenta al sentido y la claridad expresiva.[8]

Al tratar de la traducción de una obra poética, el traductor debe enfrentase a una primera elección ya aludida: debe decidir entre una versión en verso o en prosa.

Los primeros traductores de la *Odisea* y la *Ilíada* al castellano optaron por el verso, empleando el endecasílabo, metro tradicional en la poesía épica castellana. Así lo hicieron los ya citados Gonzalo Pérez y Federico Baráibar en sus *Odiseas*, e Ignacio García Malo y José Gómez Hermosilla en sus respectivas *Ilíadas*, y, más tarde, Antonio de Gironella (*Odisea*, 1851) y Guillermo Jüneman (*Ilíada*, 1902). La prosa, en cambio, se impuso a partir de las traducciones de Luis Segalá (*Ilíada* en 1908, *Odisea* en 1910) durante un largo período, luego volvió una poesía de métrica marcadamente clasicista.

Un tipo u otro de versión se defiende según los criterios de los traductores.

A propósito de la suya escribe Hermosilla en su prólogo:

> "Está en verso, porque los poetas no deben traducirse en prosa cuando se traducen para que se conozcan e imiten los primores de su estilo. Las traducciones empresa solo pueden servir para facilitar la inteligencia el texto a los que aprenden la lengua en que fue escrito, o a lo más para dar idea del contenido de la obra a los que sólo han de leerla en traducción. En ella verán, sí, lo que en sustancia dijo el autor, los hechos y el fondo de sus pensamientos; pero no verán la manera con que debería decir aquello mismo un poeta que escribiese en la lengua del traductor."

Hermosilla, que fue catedrático de *Poética* en Madrid en la época romántica, rechaza cualquier intento de traducir a Homero en "prosa poética": "Reconózcase, pues, que no hay ni puede haber prosa rigurosamente poética, y que esta expresión, se ha de ofrecer un sentido racional, no puede significar más que "prosa tan elegante como pueda serlo sin dejar de ser prosa". Por

---

8. No me extenderé aquí en consideraciones teóricas sobre tema tan conocido. Anoto que sobre sus ecos en la literatura española, es muy interesante y documentado el libro de Nora Catelli y Marietta Gargantagli, *El tabaco que fumaba Plinio. Estudios sobre la traducción en España y América*, Barcelona, Eds. Del Serbal, 1998.

consiguiente, al traducir los poetas no puede suplir por los versos, los cuales, además de la medida, tiene ciertos privilegios de que ella no puede usar, y por esta razón algunos la han llamado *"villana o plebeya"*.

A continuación, defiende el uso de los *endecasílabos libres* (es decir, sin rima) y rechaza el octosílabo típico de nuestros tradicionales romances. "No queda, pues, para traducir las epopeyas griegas y latinas otro género de metro que los endecasílabos sueltos, y en él está traducida la *Odisea* por Gonzalo Pérez."

También está en versos endecasílabos la versión de la Odisea de Baráibar, influida por la antigua de G. Pérez y por la *Ilíada* de Hermosilla. Aunque él tal vez habría preferido hacerla en prosa, sigue la tradición hispánica de traducir en ese tipo de versos el poema. "Ofrezco la traducción de la Odisea no sin deplorar que suma impericia y las dificultades de la empresa hayan hecho desaparecer, al encajarlos en duros endecasílabos, el perfume, la gracia, el vigor e inimitable flexibilidad de los hexámetros griegos".

Pero ésta es ya la última versión española en ese tipo de versos.[9] Hay luego otras versiones métricas, pero no en endecasílabos, sino en versos largos, sin rima y un cierto ritmo dactílico, como son las *Ilíadas* de José María Aguado, en 1935, y Fernando Gutiérrez, de 1953. En ese nuevo sistema métrico, que imita el antiguo hexámetro, hay que destacar la excelente *Odisea* de J.M. Pabón, que ofrece una cuidada traducción en versos de cinco o seis acentos, con un ritmo dactílico acentual. En 1947 se editó ya una versión parcial, pero la completa y definitiva apareció, póstuma, en 1982.[10]

En 1951 apareció la traducción del mexicano Alfonso Reyes de los nueve primeros cantos de la *Ilíada*. Está en versos de catorce sílabas, en "alejandrinos", de muy clara tradición en nuestra épica medieval, y con rima asonante en los finales. Y resulta notablemente original en su traslado cuidado y bastante libre del texto griego.

Desde entonces han aparecido unas diez versiones de la *Ilíada*, ocho en prosa, y dos en verso; y al menos cinco de la *Odisea*.[11] Si añadimos a las mencionadas varias versiones inéditas y algunas parciales (algo más breves

---

9. Hay, además, una traducción de la *Ilíada*, en octavas reales, de Lucio A. Laplana, publicada en Buenos Aires, en 1925, que no he logrado ver. Ni tampoco la de la *Odisea* de Mariano Esparza, editada en México en 1837, en el mismo sistema métrico. Las octavas reales fueron un metro poético de prestigio en la épica culta renacentista, pero me parecen de difícil manejo para ajustarse a poemas largos como los homéricos.

10. En la "Biblioteca Clásica Gredos", con un amplio prólogo de M. Fernández Galiano.

11. De la *Ilíada*: Daniel Ruiz Bueno, 1956; Emiliano Aguado, 1963; V. López Soto, 1969; Francisco Sanz Franco, 1985; Cristóbal Rodríguez Alonso, 1989; Antonio López Eire, 1989; Emilio Crespo Güemes, 1991; José García Blanco - Luis M. Macía Aparicio m 1991-1998; Agustín García Calvo, 1995; Rubén Bonifaz Nuño, 1996-7.
    De la *Odisea*: Vicente López Soto, 1976; José Luis Calvo, 1976; José Manuel Pabón, 1982; Carlos García Gual, 2005; Pedro C. Tapia Zúñiga, 2014.

que la que recién señalada de A. Reyes), tenemos en español unas cincuenta versiones de las epopeyas homéricas, una breve librería, que podría parangonarse con sus semejantes en otras lenguas europeas. Me resulta atractivo imaginar una biblioteca inagotable que reuniera esas traducciones de las dos epopeyas y sólo de ellas, en las diversas lenguas del mundo.

3

Pero la elección entre el verso y la prosa es sólo una primera alternativa a la que se enfrenta el traductor de Homero. Tanto o más interesante es la decisión de intentar una traducción literal (o filológica), o bien una versión más libre y un tanto personal (o literaria). No quisiera detenerme ahora en la distinción entre una y otra, sino que pondré como ejemplo las versiones de la *Ilíada* de dos grandes escritores mexicanos ya mencionados: Alfonso Reyes y Ramón Bonifaz Nuño. Citaré los cuatro primeros versos traducidos por uno y otro:

"Canta, diosa, la cólera de Aquiles el Pelida,
funesta a los aqueos, haz de calamidades,
que tantas fieras almas de guerreros dio al Hades,
y a los perros y aves el pasto de su vida."

(A. Reyes, 1950)

"La cólera canta, diosa, del Pelida Aquiles
funesta, que miríadas de dolores causó a los aqueos
y al Hades echó antes de tiempo muchas almas valientes
de héroes, y a ellos mismos presas los volvió de los perros
y aves rapaces todas."

(R. Bonifaz Nuño, 1995)

Nótese que Reyes escribe en sus alejandrinos de catorce sílabas y añade las rimas (inexistentes en la métrica griega) y que Bonifaz mantiene el orden estricto de palabras del texto original. Las divergencias entre una y otra versión se acentúan en algunos pasajes, pero coinciden bastante.

Más distante de ambas resulta otra versión que imita el antiguo hexámetro, por medio de sus acentos en secuencias de seis dáctilos. Cito la de Agustín García Calvo:

¡Canta, diosa, la ira de Aquiles, hijo de Peleo!,
ira maldita, que echó en los Aquivos tanto de duelos.
y almas muchas valientes allá arrojó a los infiernos
de hombres de pro, a los que dejó por presa a los perros
y pájaros todos.

(A. García Calvo, 1995)

Añado una más, la de Leopoldo Lugones, muy anterior a las citadas, y que influyó en la de Reyes, pero queda lejos de ella no en su métrica, sino en su léxico.

> *"Canta, diosa, el encono de Aquiles Peleyades,*
> *que, aciago, a los aqueos causó males sin cuento,*
> *y tantas nobles almas de héroes echó al Hades,*
> *dando a perros y buitres sus cuerpos de alimento."*
>
> (L. Lugones, 1925)

Resultan interesantes las variaciones del léxico entre estas versiones que, sin embargo, coinciden en reflejar bien la sintaxis y el orden de los versos homéricos. Desde luego resulta ya la temprana versión de Hermosilla, tan criticada por unos y elogiada por otros, en sus lejanos endecasílabos:

> *"De Aquiles de Peleo canta, Diosa,*
> *la venganza fatal que a los Aquivos*
> *origen fue de numerosos duelos,*
> *y a la oscura región las fuertes almas*
> *lanzó de muchos héroes, y la presa*
> *sus cadáveres hizo de los perros*
> *y de todas las aves de rapiña."*
>
> (J. Gómez Hermosilla, 1830)

En muchos casos es una palabra destacada la que se traduce de modo diverso. Esto ya lo anotó muy bien Alberto Manguel, en su ameno libro *El legado de Homero*[12]:

"Distintos traductores han vertido al castellano los primeros versos de la Ilíada de diferentes maneras. Alrededor de 1450, Pedro González de Mendoza los imaginó así: "Canta, divina Musa, la ira grave / de Aquiles el Pelida...". Juan de Mena, en 1519, fue laboriosamente explícito: "Divinal Musa, canta conmigo, Omero, la ira el sobervio hijo de Peleo..." Meléndez Valdés propuso, en 1776: "¡Canta, oh Diosa! De Aquiles de Peleo/ la perniciosa ira." Ignacio García Malo, en 1788, ensayó el adjetivo fortalecedor. "Canta ¡o diosa! La cólera obstinada / del hijo de Peleo, el noble Aquiles". José Gómez Hermosilla, en 1831, optó por la glosa comentada: "De Aquiles, hijo de Peleo canta, Diosa/ la venganza fatal que a los Aquivos / origen fue de numerosos duelos" La versión de Guillermo Jünemann, publicada en Chile, en 1902, repite la información: "Las iras canta del Pelida Aquiles, /oh dea, iras fatales..." Leopoldo Lugones propuso en 1924 un sinónimo menos colérico: "Canta, diosa, el encono de Aquiles Peleyades." En 1935, José María Aguado trató de ser original: "Canta, diosa, los rencores de Aquiles Peliaz crueles". Quizá la más sencilla, la más clara, y por lo tanto

---

12. A. Manguel, o.c., p. 67-68.

la más poética, sea la de Alfonso Reyes, quien propuso sólo nueve versos,[13] que comienzan así: "Canta diosa la cólera de Aquiles el Pelida".

Podríamos añadir otros ejemplos. Pero bastará uno, que me creo muy claro.

Se trata del adjetivo *polytropos*, que está en la primera línea de la *Odisea*. En contraste con la *Ilíada*, donde el nombre del héroe protagonista está en el hexámetro inicial, en la *Odisea* el nombre de Odiseo no sale hasta el verso veinte. Pero no hacía falta antes puesto que el héroe queda definido por ese epíteto de *polytropos*, epíteto homérico que sólo se usa de él dos veces y una del dios Hermes. Dando una ojeada a las últimas versiones españolas podemos verlo traducido como: "ingenioso" (Baráibar); "de multiforme ingenio" (Segalá); "hábil" (Pabón); "astuto" (Gutiérrez); "de muchos senderos" (Calvo); "muy versátil" (Tapia Zúñiga), y "de múltiples tretas"(García Gual). También podría valer "de muchas vueltas", que resulta bastante literal y sospecho que se ha usado alguna vez.

Como es sabido, Odiseo suele ser calificado en Homero con adjetivos que comienzan por *poly* (muy, mucho): *polymetis, polytlas, polyphron, polyméchanos*. El extraordinario epíteto viene a destacar muy puntualmente, desde el primer verso del poema, que no es un héroe monolítico, como la mayoría de los guerreros arcaicos, sino que a Ulises lo define y caracteriza su gran capacidad de hallar o inventar hábiles recursos y variados trucos para triunfar en retos y peligros. Ser *polytropos* lo define como un tipo escurridizo y seductor. En la *Odisea* lo llaman así sólo Homero en ese primer verso, y, más tarde, la maga Circe, advertida por los dioses de la llegada de un viajero de tan peligrosa audacia.

Para los oyentes del poema ese adjetivo en el primer verso les era suficiente para identificar al taimado destructor de Troya, y un buen traductor debe señalarlo.

4

Dejando ya esos ejemplos, que podrían multiplicarse y desde luego encontrar mil paralelos en otras lenguas, insistamos en subrayar que no hay traducción exacta de textos poéticos o e intensa calidad literaria; hay aproximaciones poéticas y sugerentes. No sólo la música verbal sino también los matices semánticos

13. Evidentemente "versos" es una errata: debería decir "cantos". El adjetivo que luego emplea Reyes es, como anotamos, "funesta", encabezando el siguiente hexámetro, como en el texto griego. Poco después Manguel cita unas líneas de Juan Valera, que advierte: "Llamar "terrible" a la cólera de Aquiles ... es traducir mal. La palabra que usa Homero viene del verbo perder, destruir, vale tanto como fatal, perniciosa, funesta, dañina, todo lo cual no es terrible, sino algo más que terrible. Cosas terribles hay que al fin no produce daño alguno; pero no fue de éstas la cólera de Aquiles." (o.c., p. 69)

pueden imitarse, desde luego, pero siempre con un margen de inexactitud, bien sea por falta o por exceso. De ahí que leer varias traducciones de un mismo texto hechas en distintas épocas sea como recorrer un mismo paisaje en distintos tiempos del año, del día o de la noche. El escenario puede parecer el mismo, pero colores y luces lo matizan en variables tonos. Esas variantes versiones de un texto puede enturbiar sus lecturas y también algunas veces enriquecerlas. Muy larga es, en efecto, la historia de la traducción de los clásicos, y cotejar las traducciones de épocas y autores diversos ilumina sus ecos en la tradición.

He tomado aquí ejemplos de pasajes de los poemas homéricos, pero podemos desde luego encontrar muchos semejantes en textos de otras tradiciones literarias.[14] Aún más en las traducciones de textos religiosos, donde la fidelidad exigida al mensaje del original, acaso dictado por algún dios, se presenta como objetivo único y fundamental. Me limitaré aquí, para abreviar, a evocar como ejemplo el de las versiones de la *Biblia* a las lenguas europeas. El paso del hebreo al griego, del griego al latín, y luego de estas lenguas a incontables diversos idiomas modernos nos daría infinitas muestras de ajustes y variaciones curiosas a partir, sin embargo, del objetivo programático de una versión de fidelidad extrema.

Por dar ahora sólo un ejemplo de un pasaje concreto y limitado, invito al lector a analizar las "cinco traducciones" (extraídas de más de un centenar) del pasaje bíblico de nueve versículos que narra "la construcción de la torre de Babel", tal como nos las presenta y analiza François Ost, en *Traducir. Defensa e ilustración del multilingüismo.*[15]

Evidentemente, las traducciones de la *Biblia*, para los que ignoramos el hebreo, e incluso para quienes lo conocen, podrían formar una extensa librería, una abigarrada biblioteca más extensa de la de las que podrían constituir las versiones homéricas.

Notemos que, cuando no se trata de un texto poético, la traducción atiende menos a la forma y más al mensaje en sí; puede permitirse pues dejar de lado las resonancias estéticas que buscaban en su proyecto casi todos los traductores de Homero. La elección entre verso y prosa no se plantea aquí. En esos casos, ya se trate de textos religiosos o de ciencias o de filosofía, lo

14. No hay que olvidar, por otra parte, que no vale traducir una palabra por otra de modo mecánico, ya que es el contexto el que ayuda a precisar siempre su sentido. Como señala bien B. Cassin: "Il y a plus d'une traduction parce que les mots, non seulemnent pris un par un, mais pris ensemble dans une phrase, dans un texte et un contexte, présentent durablement des équivoques formant des combinatoires douées de sens." (*Éloge de la traduction*, París, Fayard, 2016, p. 11). Por otra parte, es evidente que mientras el texto clásico es el mismo siempre, las lenguas a las que se traduce van renovando su léxico con el paso del tiempo. El texto originario permanece joven, pero las traducciones envejecen, como es bien sabido.

15. F. Ost, *Traduire. Défense et illustration du multilinguisme*. París 2009. (Traducción Española, México, FCE, 2019, p. 32-49.)

que importa en definitiva es la precisión o la exactitud en el traslado verbal, la fidelidad y transparencia de la "copia".

El traductor debe enfrentarse a un doble reto: interpretar a fondo el original y encontrar las palabras que correspondan con máxima eficacia, tanto en lo denotado como en las connotaciones de una y otra lengua. En las traducciones de la tecnología ese objetivo es fácil de cumplir y el lenguaje técnico es, por sus referentes precisos, bastante universal. Aquí las máquinas de traducción funcionan casi siempre a tope.

En el extremo contrario está la consabida dificultad de traducir bien textos de carácter más abstracto o filosófico, es decir, con unas referencias unidas a una cultura definida por su historia y su lengua propias, que implican crea-ciones del pensamiento o la literatura de un ámbito semántico configurado en una tradición histórica. Como puede ser, por dar un ejemplo evidente, los idiomas clásicos, como el griego o el latín. (El desafío resulta muy atenuado porque en gran medida seguimos usando vocablos de eso idiomas, o derivados de ellos, para conceptos heredados en una misma tradición).

En todo caso, ya que, como escribió W. von Humboldt: "El lenguaje humano se manifiesta en la realidad únicamente como diversidad", es decir, en la pluralidad de las diversas lenguas, la traducción es el instrumento que pro-cura al lenguaje, en tanto que medio de manifestación del pensamiento, su alcance universal de la comunicación. La lengua del *logos*, pues, no es ni el griego antiguo, como creían los griegos y acaso luego Heidegger, ni el inglés actual en su variante *globish*, ni tampoco el chino tan millonario en hablantes. El único medio universal de comunicación lingüística es la traducción.

Si bien es cierto que la traducción exacta es imposible, si la traducción perfecta resulta "utópica" (como escribió Ortega y es sabido), no deja de ser el instrumento que remedia y contrarresta la maldición de Babel y abre las puertas a un coloquio global. Quedan, es cierto, márgenes oscuros, y hay — cual islas raras y mistéricas del océano — vocablos que parecen "intraducibles". Pero la existencia de esos conceptos a los que nos parece imposible encontrar una expresión equivalente precisa en otras lenguas, no quita valor a la vigencia universal de la traducción, sino que tan sólo apunta que, en algunos casos, los vocablos están muy ligados a o enraizados en un contexto histórico e intelec-tual muy singular de una cultura, y encuentran un término preciso en otras.

No quisiera extenderme en estas consideraciones amplias aquí. Prefiero remitir al lector a las páginas de Barbara Cassin Éloge *de la traduction*. *Compliquer l´universel*. (Fayard, 2016), que trata con amplitud y notable inte-ligencia filosófica estos temas.[16] Por otra parte, todos esos problemas y

16. Y, como interesantísimo compendio y muestrario, al *Vocabulaire européen des Philosophies*. *Dictionnaire des intraduisibles*, dirigido por ella (París, Seuil, 2004).

enfoques de lo traducible y los intraducibles estaban ya muy bien presentados y analizados en el añejo libro de Georges Mounin, *Les problèmes théoriques de la traduction* (París, NRF, 1963), ensayo antiguo, desde luego, pero que me gusta citar como uno de los textos claros y pioneros en la disciplina académica que ahora algunos denominan "traductología".

5

Vuelvo al punto de partida, es decir, a la idea de que las sucesivas traducciones de un libro clásico pueden leerse como variantes del texto original. (No es necesario que se trate de un clásico *stricto sensu*, desde luego; pero un "clásico" se presta más a esas versiones en varias épocas y lenguas varias). A partir de las versiones de la *Odisea* podemos ver que hay versiones que intentan evocar su métrica (con variados versos) y otras que prescinden de ella y usan la prosa. Lo mismo sucede con las traducciones de los líricos griegos. Pero con estos la aproximación a la métrica original es mucho más difícil, dada la variedad de los esquemas clásicos. Es fácil imitar con un ritmo acentual los trímetros yámbicos, e incluso las estrofas sáficas, pero es imposible reproducir los metros de la lírica coral de Píndaro o de los coros trágicos. (Conocemos algún intento, como los de Ronsard y Pound, pero no pasan de ser ensayos ilusorios).

Está claro que también con las traducciones de los líricos griegos puede hacerse una librería (nacional o internacional). Tenemos un atractivo ejemplo en el librillo de Philippe Brunet, *L´Égal des dieux. Cent versions d´un poème de Sappho* (París, Allia, 1998), que reúne cien versiones, es decir traducciones con variantes, del famoso poema amoroso que comienza con *"Me parece igual a los dioses...".*

La primera la muy famosa del romano Catulo, que comienza:

"Ille mi par deo esse videtur...".

La última es la Frédéric Vervliet:

"Il me paraît égal aux dieux...".

Recordemos que Safo es del s.VII a.C., Catulo del s.I a.C., y el poema de Vervliet se editó en 1993. Hay que señalar luego , como era previsible, un salto de más de mil quinientos años desde el poema de Catulo al de Louise Labé (1555), al que sigue poco después la versión de Ronsard (1560), notablemente más libre. La mayoría de estas 99 imitaciones están hechas en el metro de las estrofas sáficas (de cuatro versos).

No sé la cantidad de imitaciones que uno podría encontrar en otras lenguas. Me parece, desde luego, muy excepcional, y muy sugestiva, la riqueza de imitaciones en la tradición de la poesía francesa. (En español he podido encontrar unas veinte).

Pero reuniendo éstas con las de otras lenguas europeas se podría editar una colección, ya que no una librería, de imitaciones/traducciones de este poema sáfico. Y gracias a ellas un lector que no sepa griego, puede degustar los matices y reflejos del poema lésbico. (La infinita mayoría de los admiradores de Safo ignoran el griego).

E incluso quien sepa apreciar los versos del dialecto eolio disfrutará, creo, de los variados ecos que colorean de nuevo sus reflejos en otras lenguas y épocas.

Porque, para acercarse a los clásicos, incluso esas versiones poco exactas, ésas calificadas de *"les belles infidèles"*, aportan sus reflejos del encanto del texto original.

Carlos GARCÍA GUAL
Real Academia Española
Diciembre 2020

« La plus belle discipline au monde » : ma vie de comparatiste entre la France et l'Allemagne

La littérature et la culture françaises, mais aussi les contacts académiques avec de nombreuses universités en France, ont influencé de manière décisive ma vie de comparatiste. Lorsque je me remémore cette époque, la première chose qui me vient à l'esprit, c'est mon travail pour la *Revue de Littérature de Comparée*, qui s'avéra être — pour employer une métaphore — une sorte de Visa pour mes activités de comparatiste sur le terrain franco-allemand. Bien sûr, ces activités plongent leurs racines dans une longue histoire.

Mon ancien professeur à l'Université de la Sarre, un comparatiste renommé, a dit un jour que la littérature comparée était « la plus belle discipline au monde ». Ce point de vue, certainement sincère mais non moins subjectif, était d'abord le résultat de circonstances historiques particulières : l'Université de la Sarre a été fondée en 1948 par la France, la Sarre étant restée sous l'égide de son voisin français jusqu'en 1957. C'est ainsi que la référence à la France a de tout temps joué un rôle scientifique et social de premier plan dans cette université allemande située à quelques kilomètres à peine de la frontière. D'ailleurs, c'est le Français Maurice Bémol, directeur et fondateur de l'Institut, qui y a tenu les premiers cours magistraux de littérature comparée (1951). Aujourd'hui encore, plusieurs professeurs français font partie du corps enseignant de l'université, dans les facultés de philosophie ou de droit par exemple. Et un projet européen d'enseignement universitaire unique en son genre réunit, sous le label *Universität der Großregion*/Université de la Grande Région, de nombreux cursus transfrontaliers entre la Sarre, la France, la Belgique et le Luxembourg.

Mais si la littérature comparée était la « plus belle discipline au monde », c'était aussi parce que le nombre de ses étudiants, du moins en Allemagne, était assez faible comparé aux matières plus classiques. Ce n'est pas sans raison que certains collègues des philologies nationales la surnommaient, peut-être parfois non sans jalousie, la « discipline orchidée », une expression aussi poétique qu'ironique. Mais il y avait également une raison liée à l'essence même de cette matière, qui se caractérise par une liberté totale dans le choix des sujets littéraires et le franchissement des frontières linguistiques, une curiosité insatiable de l'Autre et de la différence, et des rencontres scientifiques au niveau international. Conquérir en esprit de nouveaux terrains, faire connaître l'inconnu, regarder par-delà les frontières nationales, tels ont toujours été l'élixir et la mission du comparatiste.

Ces caractéristiques exceptionnelles m'ont encouragé à poursuivre une carrière universitaire et à faire mon métier des études comparatistes. À cela s'ajoute des liens personnels avec la France — ma femme, décédée en 2006, était française — et cette première source d'inspiration ne fit qu'augmenter ma curiosité scientifique pour la culture française. Le fait que la France ait été l'une des nations pionnières dans le domaine de la littérature comparée depuis le début du siècle dernier acheva de sceller mon intérêt. Désormais — nous étions alors dans les années 1980 — j'allais consacrer une grande partie de mon énergie à l'étude des relations culturelles franco-allemandes. Je peux affirmer sans fausse modestie que ma biographie scientifique est étroitement liée à la littérature comparée française, aux cours que j'ai donnés comme professeur invité à la Sorbonne Nouvelle (Paris III), à mes publications en langue française et à mon engagement au sein de la *Revue de Littérature Comparée* (*RLC*). Ma participation au comité de rédaction de la *RLC* a commencé dans les années 1980 à la bibliothèque de l'Institut de Littérature Comparée de la Sorbonne Nouvelle (Paris III).

Mais ce que Paris et la Sorbonne avaient à offrir dépasse, et de loin, le simple cadre académique. Avant d'aborder la question sous un angle scientifique, j'aimerais revenir sur les aventures que ma curiosité comparatiste m'a fait vivre. Les réunions de rédaction auxquelles j'ai été invité signifiaient pour moi faire l'aller-retour en train Paris-Sarrebruck, parfois sur une seule journée. Il y a 40 ans, il n'y avait pas encore de TGV pour ramener chez eux en moins de deux heures les Allemands passionnés par la France. C'est ainsi qu'il m'est arrivé une fois de changer de train à Metz à minuit et, quelque peu épuisé par les impressions de la journée, je me trompais de quai et me retrouvais à nouveau assis dans un train en direction de Paris. Apparemment, la littérature comparée de la Sorbonne exerçait sur moi un attrait irrésistible !

Et lorsque, en 1980, je fus invité à donner des cours magistraux sur plusieurs mois aux étudiants de l'UFR de Littérature Comparée de la Sorbonne, ce fut pour moi un honneur incommensurable. À cette époque, je séjournais dans une ancienne chambre de bonne dans le 11e arrondissement. Un soir, en revenant de mon cours, je trouvai la porte d'entrée de ma chambre littéralement sortie de ses gonds : des cambrioleurs étaient passés par là et avaient laissé un chaos inimaginable dans mes livres et mes notes. Bien sûr, personne à l'étage n'avait entendu quoi que ce soit ! Et la police elle-même ne semblait guère intéressée par ce cambriolage, peu importe mon degré d'indignation : « Vous pouvez porter plainte, mais ça ne sert à rien ». C'est ainsi que je me sentis un peu comme le Candide de Voltaire qui, venant de

Westphalie en Allemagne, avait lui aussi fait escale à Paris — même si ce n'était pas pour des raisons académiques (on dit qu'il y aurait été infidèle à sa Cunégonde pour une nuit). Finalement, peut-être que cette ville n'avait rien du « meilleur des mondes » ?

L'université elle-même était, et je le dis non sans humour, un endroit très dangereux ! Un jour, après une réunion du comité de rédaction, je décidai d'aller écouter la conférence de l'écrivain de la RDA Ulrich Plenzdorf, qui devait parler de son adaptation de Goethe intitulée *Die neuen Leiden des jungen W.* (1972). Le roman se déroule en RDA en 1970 et met en scène la vie des jeunes en jeans dans la partie communiste de l'Allemagne de l'époque. L'œuvre de Plenzdorf rencontra un énorme succès, notamment en raison de ses nombreuses allusions politiques. Sa substance profondément intertextuelle — on y découvre des références à Goethe mais aussi à Defoe et Salinger — m'avait poussé à analyser le texte dans des séminaires. À l'époque, en Allemagne, germanistes et comparatistes se déchiraient autour de la question apparemment oh combien vitale de savoir si les comparatistes étaient habilités à comparer les *Souffrances du jeune Werther* de Goethe avec une adaptation est-allemande étant donné l'absence de barrière linguistique ! Quoi qu'il en soit, je voulais découvrir Plenzdorf dans un cadre français... quand on m'a empêché d'entrer dans le couloir menant à la salle de conférence : devant la porte se trouvait une valise solitaire et abandonnée qui pouvait, me dit-on alors, contenir une bombe. C'était l'époque des épigones de la bande terroriste Bader-Mainhof, et l'Allemagne comme la France vivaient sous la menace des attentats. Je ne me rappelle plus ce que recelait cette valise... mais je sais que j'ai quand même pu assister à la conférence, avec deux heures de retard...

Je me souviens aussi — mais c'était quelques années plus tard — des émeutes étudiantes devant le bâtiment de l'université. Les portes extérieures étaient barricadées, des policiers en casques et boucliers défendaient les entrées contre les militants étudiants et ce n'est qu'après plusieurs heures et avec l'aide d'un concierge que je suis parvenu, en traversant diverses caves voûtées mal éclairées, à sortir du bâtiment quelques rues plus loin. Cette fois, je me suis senti comme un personnage d'un roman de Dumas... Et bien sûr mon train pour Sarrebruck était parti sans moi...

Revenons à la bibliothèque des comparatistes de la Sorbonne. L'odeur de la tradition dans ce paysage de livres était unique en son genre. Je m'y trouvais entouré de grands noms, de périodiques et de livres d'un autre temps : c'étaient Louis-P. Betz, Joseph Texte, Fernand Baldensperger, Paul Van Tieghem, Paul Hazard, Robert Escarpit, René Étiemble, Jean-Marie Carré, Charles Dédéyan et bien d'autres, pour ne citer que quelques-uns des plus importants comparatistes, dont certains me parlaient encore depuis leur XIXe siècle.

Je dois à Jacques Voisine, alors responsable du comité de rédaction, quelques contacts locaux, ainsi que la publication d'un livret sur *Métathéâtre et intertexte* (Minard, 1982) tiré de mon séminaire doctoral à la Sorbonne.

Dans les couloirs de l'université, j'ai rencontré des collègues et des amis, Jean Bessière, Stéphane Michaud, Yves Chevrel, Daniel Pageaux, Claude Pichois, Pierre Brunel et quelques autres spécialistes du domaine comparatiste. Et je me suis aussi lié d'amitié avec la génération de chercheurs suivante, dont certains étaient ou sont encore des membres actifs de la *RLC* — Véronique Gély, Anne Tomiche, Yves Clavaron, Bernard Franco, Jean-Marc Moura, etc. J'en ai invité un certain nombre à Sarrebruck, où un Pôle France (*Frankreichzentrum*) a entretenu et entretient toujours des relations scientifiques interfacultés sous la forme de conférences, de colloques, de projets communs, etc.

Je ne sais pas exactement combien de fois j'ai participé à des réunions à Paris dans le cadre d'une cotutelle franco-allemande ou pour la soutenance d'une habilitation, mais je m'y suis rendu souvent. Avec pour bagage culturel l'expérience des soutenances de thèse en Allemagne — où, du moins à la faculté de Sarrebruck, les débats durent au maximum deux heures et où les examinateurs commentent les doctorants en quelques phrases seulement — j'ai été amené à assister à des joutes oratoires de quatre ou cinq heures au moins. Avec beaucoup de patience et longueur de temps, je me suis exercé à la comparaison et la compréhension interculturelle de différentes traditions académiques — non sans me demander, à l'occasion, si le cartésianisme est réellement une caractéristique intrinsèquement française, comme on le prétend souvent.

La Société Française de Littérature Générale et Comparée (SFLGC) et l'Association Internationale de Littérature Comparée (AILC/ICLA) m'ont également servi de lien entre les études comparatistes allemandes et françaises. En 2013, j'ai participé au congrès mondial de l'AILC à la Sorbonne, organisé à la perfection par Anne Tomiche et d'autres collègues. Ce congrès s'est symboliquement adjoint le soutien d'une convention transfrontalière, dont faisait notamment partie l'Institut de Littérature Comparée de l'Université de Sarrebruck. Sous le thème général *Le Comparatisme comme approche critique*, des spécialistes du monde entier s'étaient réunis à Paris. Comme l'écrit Anne Tomiche dans son introduction au tome 4 des volumes du congrès, le temps était venu « d'affirmer l'importance de la littérature comparée [...] dans un monde où le comparatisme est partout mais la littérature comparée de plus en plus menacée, en tout cas dans les lieux où elle s'est historiquement d'abord développée, en Europe et en Occident [...]. »[1]

Effectivement — et le parallèle avec l'essor économique est évident — l'influence accrue des cultures orientales (Chine, Japon, Corée du Sud) sur la discipline est désormais indéniable, ce que l'on peut considérer comme un enrichissement important pour la littérature comparée. Inutile de dire que la

---

1. Anne Tomiche : *Le Comparatisme comme approche critique*. In : *Le Comparatisme comme approche critique*, t. 4 : *Traduction et transferts (Introduction)*, Classiques Garnier, Paris 2017, p. 7.

manière dont on agence et réunit les nations dans le cadre d'une association mondiale est toujours aussi une « question politique ». On s'est par exemple demandé si et sous quel drapeau les comparatistes de Taïwan seraient autorisés à participer au congrès, étant donné les réserves récurrentes de leurs collègues de Pékin. Dans les conférences et les colloques, on a également observé un accroissement du recours à la langue anglaise, accroissement renforcé par les comparatistes américains. En tant qu'anciens présidents de l'AILC/ICLA, Jean Bessière (2004-2007) et moi-même (2007-2010) avions à plusieurs reprises défendu l'importance de la langue française, une importance qui plonge ses racines dans l'histoire même de la discipline et qui risquait et risque toujours de s'estomper de plus en plus, compte tenu du monopole linguistique qu'acquiert l'anglais dans tous les domaines. Je pense ainsi au congrès de Séoul, où une collègue américaine a quitté la salle lors d'une conférence en français, protestant bruyamment parce qu'elle ne comprenait pas la langue de l'orateur. C'était certainement un cas particulier, mais il est vrai que le multilinguisme n'est malheureusement pas toujours la plus grande qualité de certains comparatistes.

J'ai toujours collaboré avec plaisir à la *Revue de Littérature Comparée*, surtout lorsqu'il s'agissait d'aborder le dialogue franco-allemand sous un angle littéraire. Évidemment les objets d'étude allaient souvent bien au-delà, géographiquement parlant. Ainsi, la *Revue* a toujours publié, outre ses numéros réguliers, des hors-séries sur des sujets particuliers, supervisés par d'éminents experts en la matière. À mon époque parurent des volumes sur les littératures espagnole et latino-américaine (Daniel-Henri Pageaux) ou sur les relations culturelles sino-européennes (Muriel Détrie) entre autres. Yves Chevrel et moi-même avons dirigé un numéro sur *Heinrich et Thomas Mann, européens* (1998). Ce volume comprenait des contributions en langues française et allemande, précédées d'un avant-propos en anglais, ce qui constituait une entreprise audacieuse compte tenu du fait que les adeptes des études comparatistes eux-mêmes ne lisent pas nécessairement l'allemand. Pour moi, ce numéro hors-série était en même temps un acte symbolique, l'expression du succès de notre coopération franco-allemande dans le cadre de notre engagement commun en faveur de la *RLC*.

Les sujets de recherche de notre discipline ont considérablement changé en raison de récentes évolutions sociales, politiques, culturelles et scientifiques. La circonférence thématique s'est élargie. Cela se voit également dans l'histoire centenaire de la *RLC* qui, à mon avis — et cela vaut certainement pour les dernières décennies encore plus que pour les précédentes — se caractérise par l'ouverture d'esprit et la tolérance. En soi, la littérature comparée est, en général, assez ouverte sur le plan méthodologique, ce qui en fait en même temps une discipline sur laquelle les idéologies ont peu de prise. Cela ne signifie pas pour autant qu'il n'y ait pas différentes écoles, différents concepts théoriques ou différentes notions géopolitiques qui s'affrontent lors de débats parfois très animés. Après la Seconde Guerre mondiale et sous le coup d'un dialogue interculturel croissant, se sont développées ce que l'on pourrait appeler des « études comparatistes mondiales ». Par leur dimension internationale, les études comparatistes se distinguent des autres sciences humaines, plus monolithiques, et nécessitent des processus de communication internationaux qui fonctionnent vraiment. Plus encore lorsque deux à trois mille comparatistes issus de près de cinquante nations différentes se retrouvent pour un congrès mondial commun...

Jetons maintenant un œil sur la teneur de la discipline, sur ses thématiques plus ou moins récurrentes et les objets de ses comparaisons. Il existe encore ces sujets quelque peu traditionnels, pour l'analyse desquels les comparatistes se sentent plus particulièrement compétents, comme l'étude des mythes littéraires par exemple. Les constantes mythologiques sont intéressantes d'un point de vue comparatiste, non pas parce qu'elles seraient « constantes » au sens d'immobiles ou de figées, mais parce que, étant sans cesse intégrées à de nouveaux contextes historiques, elles se voient continuellement transformées par une *réception productive*. Les mythes — labyrinthes, sirènes, figures telles que Médée, Ulysse, Pandore, etc., pour ne citer que des thèmes issus de l'antiquité — ont acquis une portée mondiale et constituent donc des objets prédestinés de l'analyse comparatiste. Bien sûr, en tant que tels, ils restent soumis aux développements de la critique littéraire ou à des modes scientifiques.

Autre sujet non moins pertinent, mais doté d'un pouvoir social plus explosif, le rôle de la femme, qui fait l'objet de plus en plus de travaux — un développement impensable sans politique féministe. L'étude des relations entre les sexes est aujourd'hui une nécessité scientifique pour de nombreuses disciplines, y compris la littérature comparée. On pourrait dire de manière quelque peu provocante que c'est toute l'histoire de l'art et de la littérature qu'il faudrait réécrire en prenant cet aspect en compte. Certains chercheurs ont d'ailleurs déjà commencé. Ainsi, quand on s'intéresse au lien entre l'art et la littérature, on ne peut pas éluder la question fondamentale des relations homme-femme, une problématique sur laquelle je me suis penché sous l'angle spécifique des biographies des couples d'artistes. Il est quelque peu surprenant, vu depuis notre époque — mais pas inhabituel pour la période postérieure à 1900 — de constater que des femmes d'une grande créativité artistique se soumettent sans l'ombre d'un soupir à la domination artistique et sociale de leurs partenaires masculins. « Jamais je ne me suis approché de son art », souligne Charlotte Behrend, elle-même peintre renommée des années 1920 et épouse du grand expressionniste allemand Lovis Corinth. On observe le même phénomène dans le domaine de la littérature, par exemple lorsque Claire Goll écrit à propos d'Yvan Goll dans son autobiographie : « Je me suis toujours sentie un étage plus bas »[2].

---

2. Vgl. Manfred Schmeling : „„'Nie habe ich mich in seine Kunstnähe gebracht'. Charlotte Corinth und Claire Goll schreiben über Liebe, Kunst und Leidenschaft". In : Streckenläufer

De par mon travail pour la *RLC*, mais aussi par l'encadrement des étudiants et des doctorants (Cotutelle), j'ai pu constater à quel point certains thèmes de recherche ont gagné en popularité. Le phénomène de l'intertextualité en fait partie. Il y a un siècle déjà, Thomas Mann qualifiait son intérêt pour d'autres écrivains de « lecture d'affermissement » (« *Stärkungslektüre* »). Son roman *Charlotte à Weimar*, achevé alors que Mann, fuyant les nazis, se trouvait en exil en Amérique, témoigne de sa profonde connaissance de Goethe. De façon générale, l'œuvre de Mann fourmille de citations. Ainsi, dans ses *Considérations d'un apolitique* (1918) c'est sur plusieurs pages que s'étalent ses réflexions polémiques sur Romain Rolland, qui l'avait accusé de bellicisme dans *Au-dessus de la mêlée* (1914).

Utiliser sans réfléchir des termes tels que influence, effet, réception, reprise, etc. peut passer pour une imprudence méthodologique. Et pourtant, si l'on considère l'*influence* non pas sous un aspect idéologique mais plutôt dans le sens très concret de « influer, du latin *influere*, couler dans quelque chose », la proximité d'un point de vue structurel avec l'intertextualité devient tout à fait évidente. Le comparatiste ne peut pas ignorer que tout texte se nourrit d'autres textes qui l'ont précédé, que tout auteur est aussi un lecteur. Le roman postmoderne en particulier joue et se joue en permanence du « palimpseste » textuel (Genette). L'accumulation de connaissances culturelles, la possibilité d'avoir accès à des données culturelles en l'espace de quelques secondes à l'aide du « World wide web », a également révolutionné la littérature. Le hiatus historique entre la recherche d'influence et l'analyse intertextuelle n'est donc peut-être pas si grand. Dans les deux cas, il s'agit de se pencher sur les relations et les points de contact qui relient deux objets de comparaison.

Ni la littérature comparée française ni la littérature comparée allemande ne se sont jamais contentées d'établir de simples *rapports de fait*. Même si la preuve de liens génétiques entre les cultures s'avère être une analyse nécessaire pour ne pas dire indispensable, les méthodes de recherche sont aujourd'hui bien plus vastes, plus complexes dans toutes les disciplines et, surtout, beaucoup plus ancrées dans le contexte. Néanmoins, je crois que l'on a tort d'accuser les premiers comparatistes de « positivisme », comme s'il s'agissait d'une maladie académique. Lorsque Baldensperger, l'un des pères fondateurs de la littérature comparée française, parle du « darwinisme littéraire » dans le premier numéro de la *RLC* (1921), sa figure de style a l'avantage de mettre en exergue le caractère évolutif de la littérature, le fait qu'aucune culture n'est identique à elle-même, et que de nouvelles mutations apparaissent sans cesse, par le biais de relations, de contacts, de contextes modifiés — mais aussi par le rejet ou le refus de l'influence.

Vol. 35, 2020. PoCul-Verlag Saarbrücken, p. 50. Nous traduisons „Nie habe ich mich in seine Kunstnähe gebracht" et „Ich habe mich immer eine Etage tiefer gefühlt".

Certes, avec Van Tieghem, Carré ou Guyard, on a vu se dessiner une « école française », appliquée à démontrer l'« influence » d'un auteur sur un autre, d'un texte sur un autre et d'une culture sur une autre. C'est dans ce contexte méthodologique que l'« école américaine » vit le jour à partir du milieu du XXe siècle. Avec René Wellek et Austin Warren, cette école accorda toute son attention aux structures des textes, aux formes littéraires et aux théories esthétiques ou poétiques, permettant ainsi à l'analyse comparatiste de sortir du champ exclusif des relations génétiques. Un récent compte rendu sur la littérature comparée française souligne à juste titre que ce conflit entre les écoles est devenu « obsolète » depuis les années 1980, les assises théoriques de la discipline ayant fortement évolué en France grâce aux approches de Genette, Kristeva, Foucault, Derrida, Deleuze/Guattari, etc.[3] Moi-même j'appartiens à une génération de comparatistes allemands qui a grandi avec les structuralistes et post-structuralistes français.

Parallèlement à cette évolution, on constate que la recherche scientifique sur l'*interculturalité* jouit elle aussi d'une popularité accrue. La littérature est un miroir de la société, et cette vérité ne s'affirme nulle part avec autant de force que dans ce champ d'étude qui, depuis ses débuts à Bayreuth, a toujours défendu une vision résolument plurielle de la culture. L'étude des interactions culturelles est ainsi devenue un axe majeur de la recherche en Allemagne, et il importe peu, dans ce contexte, que l'on distingue différentes « écoles », l'une partisane d'une comparaison induite par la « causalité » et l'autre favorable à la comparaison « libre ». Dans tous les cas, il s'agit d'analyser la dynamique interculturelle des processus de transfert. Comment une telle dynamique pourrait-elle voir le jour hors de tout contact avec l'Autre culturel, avec la différence ? Dans un manuel sur la communication interculturelle datant de 2005, on peut lire : « Les formes de réception productive dans les processus de transfert culturel mettent donc en exergue la dynamique fondamentale des processus culturels eux-mêmes, dynamique qui intègre et transforme aussi bien les éléments culturels et linguistiques étrangers que les éléments de la langue et de l'espace culturel qui l'a vu naître, de sorte que les frontières entre les cultures s'estompent et tendent à se dissoudre »[4]. Je pense même que, si aucune culture n'est identique à elle-même, car toujours en partie déterminée par l'autre, les influences étrangères peuvent cependant s'avérer tellement dissimulées par l'histoire qu'on ne saurait les reconstruire ni par l'analyse, ni par la comparaison.

---

3. Cf. Christiane Sollte-Gresser : « Frankreich und französischer Sprachraum ». In : *Handbuch Komparatistik*. Hg. Rüdiger Zymner und Achim Hölter. Stuttgart/Weimar (Metzler) 2013, p. 24-29, ici p. 27-28.
4. Hans-Jürgen Lüsebrink : *Interkulturelle Kommunikation*. Stuttgart/Weimar (Metzler), 2. Auflage 2008, p. 138. Nous traduisons « Formen der produktiven Rezeption in Prozessen des Kulturtransfers verweisen somit auf die grundlegende Dynamik kultureller Prozesse selbst, die fremdkulturelle und fremdsprachliche Elemente in gleicher Weise integriert und transformiert wie Elemente des eigenen Sprach- und Kulturraums, so dass die Grenzen zwischen eigener und fremder Kultur sich verwischen und tendenziell auflösen. »

Analyser les processus évolutifs d'objets concrets dans lesquels se cristallisent les aspects esthétiques, sociaux, politiques et historiques de la culture, le tout dans une perspective interdisciplinaire, voilà le domaine d'une discipline comparatiste qui refuse de s'enfermer dans sa tour d'ivoire. Et il ne me semble pas nécessaire, de ce point de vue, d'établir une distinction méthodologique ou idéologique entre les études comparatistes et la communication interculturelle. Les accusations portées contre la littérature comparée, selon lesquelles la discipline serait prisonnière de sa perspective « eurocentrée », se réduirait à des confrontations bilatérales, s'abstiendrait de remettre en contexte ses objets de comparaison, etc. sont parfaitement obsolètes et souvent le reflet de contentieux académiques. Il fut un temps en Allemagne où la littérature comparée devait constamment justifier sa raison d'être auprès de disciplines plus puissantes. Entre-temps, la mondialisation croissante a transformé les germanistes les plus conservateurs en comparatistes convaincus !

Dès lors que la recherche sur les transferts culturels prend également en compte des textes littéraires, elle se rapproche immanquablement de la littérature comparée. C'est ainsi que la critique postcoloniale, par exemple — les contributions de la *RLC* le montrent bien — occupent désormais une place de choix au sein de la discipline comparatiste. Ce que l'on appelle souvent la « résistance esthétique », l'examen critique dans le roman des rapports de force coloniaux et post-coloniaux, de l'oppression des minorités, du surmoulage linguistique, etc. est devenu un axe central des études littéraires récentes. Paradoxalement, la façon dont la société a abordé l'héritage colonial et les problèmes politico-culturels qui en découlent a débouché sur un véritable enrichissement de la littérature. Les romans de Patrick Chamoiseau (*Texaco*), Assia Djebar (*Les nuits de Strasbourg*) ou Fatou Diome (*Le Ventre de l'Atlantique*), mais aussi les « classiques » de la théorie post-coloniale comme *Éloge de la Créolité* (Barnabé/Chamoiseau/Confiant) ou *Poétique de la Relation* (Glissant) ont intégré depuis longtemps maintenant le canon des lectures universitaires. C'est avec un grand intérêt que je suis la discussion sur la francophonie, sur l'héritage colonial et son impact sur la littérature. Pourquoi une telle discussion (*mutatis mutandis*) n'aurait-elle aucune chance de s'épanouir en Allemagne ? Je préfère laisser la question aux historiens...

Par son caractère international, la littérature comparée a peut-être été exposée plus que toute autre discipline aux bouleversements de l'histoire. En Allemagne, ce sont les forces d'occupation françaises qui l'ont réorientée et restructurée après la dictature nazie. Le fait que les universités de Mayence et de Sarrebruck — alors épicentres de la vie intellectuelle — aient été initialement logées dans des casernes en dit long. D'ailleurs, ces bâtiments ont même été classés monuments historiques. Mais leur affectation a considérablement changé. Aujourd'hui, en France comme en Allemagne, les chaires de littérature comparée sont souvent intégrées à d'autres disciplines ou à des unités plus larges. Et peut-être cela importe-t-il peu qu'on la considère comme une simple orientation scientifique ou qu'elle s'impose comme une discipline dotée d'un institut plus ou moins autonome. La diversité de ses objets d'étude continue d'exercer un attrait scientifique incomparable, si l'on me permet le clin d'œil. La *Revue de Littérature Comparée* s'en fait d'ailleurs le miroir. Outre les champs d'analyse mentionnés ci-dessus, on peut enfin évoquer des objets d'étude aussi importants que celui de la traduction littéraire, des relations intermédiales à la complexité croissante ou de la discussion portant sur une nouvelle « Littérature-monde ». Et si l'on part du principe que la « mondialisation » n'est pas un phénomène réversible, alors l'avenir de la littérature comparée est assuré, elle qui ne vit que par et pour l'Autre culturel. Car même dans un contexte global, la différence perdurera. Et cette perspective renforce encore ma conviction, subjective mais non moins sincère, selon laquelle la littérature comparée est bel et bien « la plus belle discipline au monde ».

Manfred SCHMELING
Université de la Sarre

Traduit de l'allemand par Claude Paul

L'Afrique et la littérature comparée ────────

Mise en place d'un centre de recherche « africanologique »

Quand j'ai commencé à m'intéresser à la littérature africaine, j'avais déjà soutenu et publié mes thèses de doctorat de troisième cycle et d'habilitation en littérature comparée, sur des thèmes de la littérature européenne, et mon parcours académique semblait tracé dans ce champ de recherche. Après, on m'a posé souvent la question : comment êtes-vous venu à la littérature africaine ? Ou bien : vous avez sûrement vécu de longues années en Afrique ? Mon intérêt pour l'Afrique ne semblait pas s'expliquer (dirais-je : se légitimer ?) que par un arrière-fond biographique, des années vécues sur le continent africain ou dans un pays éloigné. Quand Papa Samba Diop, à l'époque assistant de recherche attaché à ma chaire, préparait une interview pour un journal sénégalais sur mon travail d'africaniste, sa première question fut s'il y avait un lien entre ma spécialisation sur l'Afrique et mon passé de réfugié/expatrié germano-hongrois. Apparemment il ne semblait pas « normal » qu'un cher-cheur comparatiste, dans une université allemande, se tourne vers l'Afrique et en fasse sa spécialisation.

En fait, mon tournant africaniste est dû à un concours de circonstances imprévues et imprévisibles, mais chaque fois avec mon consentement, poussé peut-être par ma curiosité et un intérêt toujours croissant pour un champ de recherche en herbe dans le domaine universitaire allemand. J'avais soutenu ma thèse de troisième cycle à l'université de Bonn en 1968, sur la sextine (*sestina lirica*) dans les littératures européennes depuis le XIIe siècle, à partir des provençaux, à travers le pétrarquisme dans plusieurs littératures européennes jusqu'au XXe siècle[1]. Sept ans après, en 1975, j'ai soutenu ma thèse d'habilitation à l'université de Mainz, sur les *Lettres sur les Anglais et les Français* du Suisse

---

1. Riesz, János, *Die Sestine – Ihre Stellung in der literarischen Kritik und ihre Geschichte als lyrisches Genus*, München, Wilhelm Fink, 1971.

alémanique Beat Ludwig von Muralt[2]. Deux sujets classiques comparatistes, l'un sur un genre poétique à travers neuf siècles, avec des exemples en huit langues européennes, et l'autre une étude sur l'aube du siècle des Lumières, la *Frühaufklärung*, et les débuts de l'« anglomanie » en Europe.

Le hasard voulut qu'à Mainz, pour aller à l'Université, je partageais mon chemin avec le professeur Ernst-Wilhelm Müller, ethnologue et directeur de *l'Institut für Ethnologie und Afrika-Studien*. Cet *Institut* s'était ouvert, le premier en Allemagne, aux littératures « néo-africaines ». Janheinz Jahn (1918-1973), depuis les années 1950, était le pionnier allemand dans ce domaine : traducteur d'un bon nombre de textes africains en langue anglaise et française, il se battait dans ses travaux de journaliste pour une meilleure connaissance et compréhension de ces littératures. Son anthologie *Schwarzer Orpheus* (1954)[3] a joué un rôle en Allemagne comparable à celui de *l'Anthologie de la nouvelle poésie nègre et malgache* de Senghor, avec la préface *Orphée Noir* de Jean-Paul Sartre (1948). En 1970, Jahn reçut le prix pour la traduction de la *Deutsche Akademie für Sprache und Dichtung*. Et c'est grâce à Jahn, son traducteur, que Léopold Sédar Senghor obtint le Prix de la paix des libraires allemands (*Friedenspreis des deutschen Buchhandels*) en 1968. L'*Institut für Afrikastudien* à Mainz avait engagé Janheinz Jahn comme chargé de cours sur les littératures africaines. Après la mort prématurée de Jahn (1973), ce poste était vacant, et le professeur E.-W. Müller eut l'idée que je serais peut-être la personne idéale pour lui succéder. Je commençais alors ma lecture des auteurs africains, le sujet me passionnait et mes cours connurent un certain succès auprès des étudiants.

Mes cours sur Senghor et la Négritude, à l'*Institut für Afrikastudien*, étaient affichés comme *Literaturethnolologie*. Le hasard (encore !) voulut que la jeune université de Bayreuth (fondée en 1975), qui avait choisi comme une de ses spécialisations les études africaines, en 1971, mettait en concours deux chaires avec une spécialisation sur les littératures africaines en langue anglaise et en langue française, *Afro-Anglistik* et *Afro-Romanistik*[4]. Parmi les jeunes romanistes allemands qui avaient passé l'*habilitation* et qu'on invitait à se présenter j'étais le seul à proposer un sujet africain : « Critique et Défense de la Négritude ». On m'offrait une suppléance pour le semestre d'hiver 1978-1979 et j'obtins ma nomination comme titulaire de chaire au début du semestre d'été 1979. La dénomination du poste était : « Lehrstuhl für Romanische und Vergleichende Literaturwissenschaft, mit besonderer Berücksichtigung der afrikanischen Literatur ». À l'université, on continuait à parler de « Afroromanistik ». À l'été

---

2. Riesz, János, *Beat Ludwig von Murals* Lettres sur les Anglais et les Français et sur les Voyages *und ihre Rezeption*, München, Wilhelm Fink, 1979.
3. Jahn, Janheinz (éd.) : *Schwarzer Orpheus. Moderne Dichtung afrikanischer Völker beider Hemisphären*, München, Hanser, 1954.
4. Riesz, János, « Afroromanistik » an der Universität Bayreuth, in : Flora Veit-Wild (éd.) : *Nicht nur Mythen und Märchen – Afrika-Literaturwissenschaft als Herausforderung*, Wissenschaftlicher Verlag Trier, 2003, 145-159.

1978, l'Université de Bayreuth convoquait un *International Seminar on African Studies* qui devait marquer le début du futur centre d'études africaines. Ma contribution à ce colloque sera ma première publication imprimée comme africaniste[5].

Quand je fus nommé titulaire de la chaire d'*Afroromanistik* de Bayreuth, j'étais encore loin d'être un spécialiste dans le domaine ; mes premières années furent difficiles. Rétrospectivement, on peut dire néanmoins qu'avec beaucoup de chance (toujours le hasard !) et un climat intellectuel propice, nous avons pu mettre sur pied le premier centre de littérature africaine francophone en Allemagne — et parallèlement un centre anglophone avec Richard Taylor, Reinhard Sander et Eckhard Breitinger. Un événement particulièrement heureux fut le fait que, en été 1979, le président Senghor annonça sa visite pour le festival de Wagner fin juillet. C'était la dernière année de la présidence de Senghor au Sénégal. Nous avons compris tout de suite les possibilités que la venue de Senghor nous offrait. Avec Hans-Jürgen Lüsebrink, j'organisai une exposition sur « Léopold Senghor — Poète et homme d'État » dans les locaux d'une banque à deux pas de l'Opéra des Margraves, au centre-ville de Bayreuth, où le président Senghor donnait une lecture de ses poèmes dans une salle occupée jusqu'à la dernière place. De nombreux journaux dans toute l'Allemagne parlèrent de l'événement. Senghor soutint nos efforts auprès du ministère à Munich, avec tout le poids de sa personnalité et de son prestige international. Grâce à lui, le ministère nous fit le « cadeau » d'une chaire Léopold Senghor.

En 1980, la Foire du livre à Francfort avait choisi l'Afrique comme thème central et invité beaucoup d'auteurs africains qui se présentèrent dans des lectures publiques à travers l'Allemagne. Plusieurs éditeurs inscrivirent des livres de fiction africains à leurs programmes et le battage médiatique autour de l'événement de Francfort contribua en même temps à donner une plus grande visibilité à nos efforts à Bayreuth. Comme à l'époque les spécialistes en littérature africaine étaient encore rares en Allemagne, je reçus bon nombre d'offres pour des comptes rendus et recensions de textes africains dans les journaux et à la radio. Et comme la presse ne distinguait pas très précisément entre auteurs francophones et anglophones, m'arrivèrent également des traductions de l'anglais. À côté des auteurs francophones que je connaissais déjà, je me voyais lecteur des auteurs anglophones, et j'écrivis des comptes rendus et critiques non seulement sur Mongo Beti et Camara Laye, mais aussi sur Wole Soyinka, Chinua Achebe et Ngugi wa Thiong'o ; et sur bon nombre d'auteurs sud-africains, sous le régime d'apartheid, comme Athol Fugard, Breyten Breytenbach, J. M. Coetzee et autres. Ainsi, je me faisais une culture littéraire pan-africaine. Je pouvais inviter

---

5. Riesz, János, « The Conflict between European and African Civilization in West African Autobiographies » (1978).

le jeune (à l'époque) écrivain somalien Nuruddin Farah[6] et même une troupe de théâtre, avec laquelle j'avais pris contact lors d'une mission d'enseignement à Abidjan, qui joua devant un public allemand à Bayreuth. En peu de temps, nous avons pu mettre sur pied une structure qui fut la base et le point de départ d'un centre de recherche sur les littératures africaines.

L'étape décisive fut, en 1984, l'octroi par la DFG — *Deutsche Forschungsgemeinschaft* (comparable au CNRS français) — d'un groupe de recherche inter- et pluridisciplinaire, un *Sonderforschungsbereich* (SFB 214), organisé autour de la thématique des « Identités en Afrique », qui fut évalué et renouvelé quatre fois et dura jusqu'à fin 1997. Le point de départ avait été ma leçon inaugurale en janvier 1980 sur « La littérature et les identités nationales en Afrique — l'exemple du Sénégal », publiée dans la *Romanistische Zeitschrift für Literaturgeschichte* en 1982[7]. Le *Sonderforschungsbereich* fut le noyau d'un centre d'excellence qui intégrait jusqu'à quinze projets de différentes disciplines. Un budget d'environ deux millions de marks par an nous permettait de recruter une vingtaine de doctorants et post-doctorants, et d'inviter des chercheurs venant d'autres universités d'Afrique et d'Europe pour des conférences et des missions de recherche, d'organiser des colloques, faire imprimer les thèses et autres publications. Le statut de centre d'excellence nous facilitait également l'accès à des institutions et fondations, bailleurs de fonds pour des bourses et des stages de recherche. Ainsi le *Deutscher Akademischer Austauschdienst, DAAD* – et la Fondation Alexander von Humboldt.

À partir de 1980 un nombre croissant de chercheurs, assistants et boursiers vinrent rejoindre notre équipe : Hans-Jürgen Lüsebrink, Wolfgang Bader, Werner Glinga, Claudia Ortner, Papa Samba Diop, Pierre Halen, Adjaï-Paulin Oloukpona Yinnon, Amadou Koné, Guy Ossito Midiohouan, Véronique Porra, Isaac Bazié, Justin Bisanswa, Susanne Gehrmann ; des collègues français et africains comme Alain Ricard, Bernard Mouralis, Jean Derive, Hélène d'Almeida-Topor, Georges Ngal, Mukala Kadima-Nzuji, Jean-Marc Moura et d'autres venaient à Bayreuth pour coopérer avec nous. Ce qui était important, c'est que le « doyen » des études littéraires africaines en Europe, le liégeois Albert Gérard, nous soutenait et nous mettait en contact avec la communauté des chercheurs en littérature africaine à travers le monde. Richard Bjornson, professeur à Ohio State University, Columbus US, nous ouvrait les portes de l'*African Literature Association* et établit le contact avec la revue *Research in African Literatures*. Durant deux années, j'ai pu enseigner à l'Université Paris IV, invité par Robert Jouanny, et à Paris III, sur invitation de Daniel-Henri Pageaux et Jean Bessière. En 25 ans, de 1979 à 2004, j'ai dirigé à Bayreuth une trentaine de thèses de troisième cycle et cinq thèses

6. Riesz, János, « Ein Kosmopolit aus Somalia - Das Werk des Schriftstellers Nuruddin Farah », *NZZ*, 4./5. Juli 1981.
7. Riesz, János, « Literatur und nationale Identität in Afrika. Das Beispiel Senegal », in : *Romanistische Zeitschrift für Literaturgeschichte*, 1982, H. 1 / 2, 216-235.

d'habilitation, partiellement en co-tutelle avec des universités françaises, belges et africaines.

Un autre contact important, pour la visibilité de notre centre africanologique à Bayreuth, étaient les relations avec Jürgen Olbert, fondateur et président de la *Vereinigung der Französischlehrer*, l'association des professeurs de français dans l'enseignement secondaire. Olbert avait compris — avant ses collègues romanistes dans les universités — l'importance de l'Afrique et de la Francophonie pour l'enseignement du français et son rôle en rivalité avec l'anglais. Il me proposa de publier un certain nombre d'articles dans le journal de l'association, *französisch heute* (quatre parutions par an), auquel étaient abonnés la plupart des professeurs de français en Allemagne. Le résultat fut de nombreux stages de formations permanentes pour initier les professeurs du secondaire au rôle et à l'histoire du français en Afrique. Avec Norbert Becker, professeur de didactique du français à Mainz, nous avons publié un cahier pour l'enseignement du français dans les classes terminales des lycées sur la base d'une anthologie de textes africains avec commentaires et explications : *Au carrefour de deux civilisations — thèmes africains* (1982, avec un manuel pour les enseignants)[8], qui eut plusieurs éditions et a sûrement contribué à augmenter l'intérêt des lycéens allemands à la langue française et les littératures francophones en Afrique.

Recherches et publications sur les littératures africaines

Dans mes recherches et publications durant les quarante années de 1980 à 2020 — vu ma position de « pionnier » — j'étais souvent obligé de traiter des sujets de fond et des questions assez variées qui témoignent en même temps de la complexité de ce champ de recherche et de la situation déficitaire du matériel en Allemagne. Vu mon passé de comparatiste, la plupart de mes 200 articles environ, ont une orientation ou un accent comparatiste. En essayant de les classer j'ai cru pouvoir identifier une vingtaine de thèmes qui, en partie, se chevauchent et se recoupent : (1) des questions imagologiques : la perception mutuelle de l'Afrique et de l'Europe ; (2) naissance d'une littérature : la « révolte » de la Négritude ; (3) récits de voyageurs européens sur l'Afrique et d'Africains en Europe ; (4) la langue française, médium littéraire « étranger » et objet d'un permanent questionnement ; (5) les livres européens sur l'Afrique et le *writing back* des Africains ; (6) les paratextes (préfaces, postfaces, recensions) des traductions de livres de fiction africains ; (7) l'héritage du colonialisme et la survie d'attitudes coloniales ; (8) du colonialisme au postcolonialisme ; (9) les auteurs africains (masculins, féminins) ; (10) l'évolution de la littérature francophone africaine à travers les générations ; (11) les genres et les « grands » thèmes : autobiographies, romans politiques et historiques ; (12) le thème

---

8. Becker, Norbert, Riesz, János, *Au carrefour de deux civilisations — thèmes africains*, Frankfurt a.M., Diesterweg, 1982.

des Tirailleurs Sénégalais ; (13) le rôle politique de la France dans l'évolution de la littérature francophone africaine : la Francophonie et la *Françafrique ;* (14) auteurs africains vivant en Allemagne ; (15) la position de la littérature africaine dans la littérature mondiale ; (16) le travail de canonisation et la naissance de « classiques » africains ; (17) la littérature et les autres médias ; (18) la langue française et les langues « autochthones » africaines, littératures nationales et ethniques ; (19) la littérature africaine dans les pays de langue allemande ; (20) des réflexions théoriques et des concepts généralisables sur les littératures extra-européennes en général, et leur influence sur les littératures d'Europe. — De ces vingt ensembles thématiques, j'en ai choisi deux pour définir mes procédés méthodologiques et illustrer ma vision des littératures africaines de langue française :

(1) L'imagologie : « L'étranger tel qu'on le voit »[9] est un domaine classique des recherches comparatistes auquel Daniel-Henri Pageaux a consacré un article remarquable[10] dont un des résultats est justement : « L'imagologie pourrait [...] se constituer en front pionnier pour une discipline comme la littérature comparée qui, par ses ouvertures sur les cultures étrangères et la diversité de ses questionnements et de ses méthodes, peut devenir pleine-ment une "science de l'homme" », en respectant un autre conseil de l'article de D.-H. Pageaux : « L'image de l'étranger doit être étudiée comme la partie d'un ensemble vaste et complexe : [...] L'imaginaire social dans une de ses manifestations particulières, la représentation de l'Autre. » (p. 135)

(2) Le *Writing Back* : Le concept du *writing back* fut introduit dans les études postcoloniales par les chercheurs australiens Bill Ashcroft, Gareth Griffiths et Helen Tiffin[11]. Ce titre remonte à un article de Salman Rushdie que l'auteur d'origine indienne avait publié le 3 juillet 1982 dans *The Times* : « The Empire Writes Back with a Vengeance » qui avait été inspiré par le titre d'un film de la Série *Star Wars : The Empire Strikes Back*. Dirk Göttsche écrit dans le Manuel, *Postkolonialismus und Literatur*[12] : „Als Synonym für gegendiskursives Schreiben ist *Writing Back* eine Denkfigur, die sich vor allem in den 1990er Jahren zu einem der Paradigmen der postkolonialen Literaturwissenschaft entwickelte und die darüber hinaus bisweilen auch in anderen Kontexten — so in der femi-nistischen Literaturwissenschaft — aufgegriffen wurde." (p. 235) [*Writing Back* est une figure de pensée pour un discours s'opposant à un discours antérieur, qui a servi, dans les années 1990, comme paradigme des études littéraires postcoloniales, et qui a été transféré en d'autres domaines, p.ex. les discours

---

9. Guyard, Marius-François, *La littérature comparée*. Préface de Jean-Marie Carré. 4ᵉ éd. revue, Paris, PUF, « Que Sais-Je ? » n° 499, 1965.
10. Pageaux, Daniel-Henri : « De l'imagerie culturelle à l'imaginaire », in : *Précis de Littérature Comparée*, sous la dir. de Pierre Brunel et Yves Chevrel, Paris : PUF, 1989, 133-161.
11. Ashcroft, Bill, Griffiths, Gareth, Tiffin, Helen : *The Empire Writes Back : Theory and Practice in Post-Colonial Literature*, London-New York, Routledge, 1989.
12. Göttsche, Dirk u.a., *Handbuch Postkolonialismus und Literatur*, Stuttgart, J. B. Metzler, 2017.

littéraires féministes.] La notion du *Writing Back* est devenue une conception vaste, synonyme d'une écriture qui s'oppose à un autre discours antérieur.

Pour revenir au « tournant » africaniste de mes recherches en littérature comparée : ce qui pourrait surprendre, c'est le fait que je n'avais pas le sentiment d'entrer dans un domaine étranger et loin de ce qui m'avait intéressé auparavant. En fait, mes recherches sur la poésie des troubadours et les débuts de la poésie européenne dans les langues du pays (le *volgare* des Italiens) m'ont servi quand j'ai commencé mes études sur la poésie de la *Négritude* et des mouvements d'avant-garde dans les littératures européennes du XXᵉ siècle. Mon travail sur le Suisse Béat von Muralt et ses attaques contre l'hégémonie culturelle de la France dans l'Europe du XVIIIᵉ siècle, m'a aidé à mieux comprendre les critiques des auteurs africains dans le processus de la décolonisation quand ils défendaient, contre le colonisateur français, le droit de vivre leurs cultures et parler leurs langues, longtemps méprisées comme des patois. Finalement, mes travaux sur les genres narratifs dans les littératures médiévales, notamment l'édition du *Novellino* de la fin du XIIIᵉ siècle[13], m'avaient préparé à comprendre le passage des formes de l'oralité vers les genres narratifs écrits, comme la nouvelle, née au tournant du XIIIᵉ au XIVᵉ siècle, et qui, cinquante ans après, vers 1350, produisit le chef-d'œuvre du *Decamerone* de Boccaccio.

L'imagologie a ses précurseurs dans la psychologie des peuples (*Völkerpsychologie*), l'herméneutique historique, les études européennes, etc., avant de parvenir à être une branche de la littérature comparée qui pouvait développer sa terminologie et sa méthodologie propre, parallèlement à de nombreuses thèses universitaires. Pour un débutant comme moi, commencer par des études d'imagologie en m'approchant à l'Afrique, me parut naturel, tenant compte du fait que je devais apprendre beaucoup et ne pouvais m'approcher qu'en tâtonnant et avec prudence d'un si vaste sujet. Quand je passe en revue les neuf publications imagologiques sur ma liste je constate qu'elles étaient toutes des textes « sur commande » : « Images d'Afrique — Mirages d'Europe dans le roman francophone africain des années 1930 aux années 1960 »[14] était le fruit d'une invitation à un colloque à la mémoire de Janheinz Jahn en 1979. La revue *Notre Librairie* me proposait un article sur « L'image du Noir dans la littérature allemande depuis 1945 »[15] ; la maison d'édition Peter Hammer à Wuppertal me demandait une anthologie commentée avec le titre *Blick in den schwarzen Spiegel. Das Bild des Weißen in der afrikanischen*

13. Riesz, János (Übersetzung, Kommentar, Nachwort) : *Il Novellino — Das Buch der hundert alten Novellen*, Stuttgart, Reclam, 1988.
14. Riesz, János, « Images d'Afrique — Mirages d'Europe dans le roman francophone africain des années 1930 aux années 1960 », in : *Jaw-Bones and Umbilical Cords*. A Selection of Papers Presented at the 3rd Janheinz Jahn Symposium 1979 and at the 4th Janheinz Jahn Symposium 1982, Hg. Ulla Schild, Berlin (D. Reimer) 1985, 53-64.
15. Riesz, János, « L'image du Noir dans la littérature allemande depuis 1945 », in : *Notre Librairie*, No 91, Janvier-Février 1988, 42-51.

Literatur des 20. Jahrhunderts [Coup d'œil dans le miroir noir — L'image du Blanc dans la littérature africaine du XXᵉ siècle], qui sortit en 2003[16]. Un volume parallèle en français suivit un an après, publié avec Susanne Gehrmann : *Le Blanc du Noir. Représentations de l'Europe et des Européens dans les littératures africaines*[17]. Pour un colloque sur l'identité de l'Europe, *Ideas of/for Europe. An interdisciplinary Approach to European Identity* j'ai écrit : « Europe as seen from Africa »[18]. Pour un volume, publié en langue allemande et en langue française dont le titre allemand était : *Esprit – Geist. 100 Schlüsselbegriffe für Deutsche und Franzosen* (1989)[19], et le titre français : *Au Jardin des Malentendus. Le commerce franco-allemand des idées* (1990), j'ai donné l'article sur l'« Afrique ». Pour un ouvrage en trois volumes *Europäische Erinnerungsorte* [Lieux de mémoire européens] vol. 3 : *Europa und die Welt* [L'Europe et le monde], j'ai conçu : « Der literarische Spiegel : Afrika und Europa »[20] [Le miroir littéraire : Afrique et Europe]. Comme on voit, le vocabulaire est toujours le même : image — représentation — mirage — miroir — identité(s), un ton ironique et peut-être sceptique se révèle dans le titre français du *Jardin des Malentendus*.

Derrière la pauvreté du vocabulaire critique se cachent une grande richesse thématique et une variété aussi grande par rapport aux scènes et personnages présentés dans leurs « images » et le « miroir » qui les reflétait. On peut illustrer cette richesse à partir du volume *Blick in den schwarzen Spiegel* en citant les titres des neuf premiers chapitres (entre parenthèses le nombre de textes choisis) : Erste Begegnungen [*Premières Rencontres*] (14) — Kolonialismus — Von den Weißen lernen oder gegen sie kämpfen? [*Colonialisme – Apprendre des Blancs ou se battre contre eux*] (13) – Die koloniale Gesellschaft und ihre Repräsentanten [*La société coloniale et ses représentants*] (9) — Gewalt und Widerstand [*Violence et résistance*] (14) – Mission und Christentum [*Le Christianisme et ses Missions*] (12) – Politische Unabhängigkeit und neokoloniale Abhängigkeit [*Indépendance politique et dépendance néocoloniale*] (14) — Die beiden Weltkriege und die Zeit dazwischen [*Les deux guerres mondiales et l'entre-deux-guerres*] (11) — Erfahrungen mit Europa und den Europäern [*Expériences avec l'Europe et les Européens*] (9) — Liebe, Freundschaft und andere Missver — ständnisse [*Amour, Amitié et autres malentendus*] (10) — Immigranten, Asylanten, Illegale [*Immigrants, Demandeurs d'asile, Illégaux*] (9). — Les exemples montrent que

---

16. Riesz, János (éd.), *Blick in den schwarzen Spiegel. Das Bild des Weißen in der afrikanischen Literatur des 20. Jahrhunderts*, Wuppertal, Peter Hammer, 2003.

17. Riesz, János et Gehrmann, Susanne (éds.), *Le Blanc du Noir. Représentations de l'Europe et des Européens dans les littératures africaines*, Münster, LIT, 2004.

18. Riesz, János, « Europe as seen from Africa », in : *Ideas of/for Europe. An interdisciplinary Approach to European Identity*, éd. par T. Pinheiro, B. Ciexzynska, J. E. Franco, Frankfurt a.M. : Peter Lang, 2012, 505-516.

19. Riesz, János, « Afrika », *Esprit – Geist*. 100 Schlüsselbegriffe für Deutsche und Franzosen, hg. v. J. Leenhardt u. R. Picht, München : Piper (Serie Piper 1093) 1989, 113-117. - Frz. Übers. in : *Au Jardin des Malentendus*, Arles (Actes du Sud) 1990, 106-109.

20. Riesz, János, « Der literarische Spiegel : Afrika und Europa », in : *Europäische Erinnerungsorte 3. Europa und die Welt*, hg. von P. den Boer, H. Duchhardt, G. Kreis, W. Schmale, München : Oldenbourg Wissenschaftsverlag, 2012, 115-126.

les images/miroirs ont toujours besoin d'un contexte, d'un événement, d'un personnage, d'une rencontre ou confrontation, d'un cadre social, historique ou politique, d'un parti pris pour mettre sur scène les « images ».

Les intertitres peuvent illustrer les images « en situation ». Nous choisissons neuf exemples du chapitre 8 : *Expériences avec l'Europe et les Européens* [Erfahrungen mit Europa und den Europäern] : Cheikh Hamidou Kane : *Wie ist es dort drüben?* [Comment est-ce là-bas ?] — Cameron Duodu : *Warum machen die Leute hier so einen Wirbel um England?* [Pourquoi les gens font tant agitation sur l'Angleterre] — Buchi Emecheta : *Jetzt war Sonia klug geworden* [En ce moment, Sonia avait compris] — Ken Saro-Wiwa : *Die weiße Dame und ihr Hund* [La dame blanche et son chien] — Bernard B. Dadié : *Der 14. Juli in Paris* [Le quatorze juillet à Paris] — Aké Loba : *Die Weißen sehen überall Probleme* [Les Blancs voient des problèmes partout] – Camara Laye : *Begegnung in der Metro* [Rencontre dans le métro] – Léopold Sédar Senghor : *Mein Herz ist zerschmolzen wie der Schnee auf den Dächern von Paris* [Mon cœur s'est fondu comme la neige sur les toits de Paris] — Martin Aku : *Nun war ich also in Bremen.* [Et me voilà à Brème] — Ces titres qui sont pris des textes choisis de l'anthologie, donnent souvent déjà une idée ou un avant-goût de l'« image » qui se révélera dans le texte.

Le *writing back* figure déjà dans le titre de deux de mes livres qui intègrent un certain nombre de publications antérieures. Il s'agit de *Koloniale Mythen – Afrikanische Antworten* (1993, 2ᵉ éd., corr. et augm., 2000)[21] ; et *De la littérature coloniale à la littérature africaine – Prétextes, contextes, intertextes* (2007)[22]. *Koloniale Mythen* s'inspire des *Mythologies* (1957) de Roland Barthes[23] dans le sens d'une « parole dépolitisée », que l'auteur explique à partir d'une image de couverture de l'hebdomadaire *Paris Match* :

> Un jeune nègre vêtu d'un uniforme français fait le salut militaire, les yeux levés, fixés sans doute sur un pli du drapeau tricolore. Cela, c'est le *sens* de l'image. Mais naïf ou pas, je vois bien ce qu'elle me signifie : que la France est un grand Empire, que tous ces fils, sans distinction de couleur, servent fidèlement sous son drapeau, et qu'il n'est de meilleure réponse aux détracteurs d'un colonialisme prétendu, que le zèle de ce noir à servir ses prétendus oppresseurs. (p. 201)

Les mythes coloniaux donnent au système colonial une apparence de normalité, de banalité même, l'aspect d'une chose naturelle et qui ne se discute pas. Les conflits et les contradictions de la situation historique sont réduits à des schémas simplificateurs et qui servent à légitimer l'état des choses : le mythe de la supériorité d'une race sur l'autre, la civilisation des uns et la

21. Riesz, János, *Koloniale Mythen – Afrikanische Antworten* (1993), 2ᵉ éd., corr. et augm., Frankfurt a.M., IKO, 2000.
22. Riesz, János, *De la littérature coloniale à la littérature africaine — Prétextes, contextes, intertextes*, Paris, Karthala, 2007.
23. Barthes, Roland, *Mythologies* [1957], Paris, Seuil/Points 10, 1970.

« primitivité » des autres, les Européens comme héritiers de la Révolution Française et apôtres des droits de l'homme, le mythe du chaos babylonien des langues sur le continent africain et les bienfaits d'une grande langue européenne (de préférence la française) pour permettre et simplifier la communication entre les peuples, parlant des langues différentes. Pour le dire encore avec Roland Barthes : Le monde « sort du mythe comme un tableau harmonieux d'essence. [...] La fonction du mythe, c'est d'évacuer le réel. »

Vues de près, les relations entre les textes des siècles où l'Europe avait le monopole des discours sur l'Afrique et le temps de la naissance des nouvelles littératures qui viennent du continent noir même et « se posent en s'opposant », nous semblent beaucoup plus complexes que le donne à penser la formule du *writing back*. V. Y. Mudimbe a montré, dans son étude *Invention of Africa*[24] combien le continent africain a été « inventé », construit par les sciences européennes — anthropologie, ethnologie, linguistique, philosophie etc. — Le *writing back* est décrit par Mudimbe comme suit : « Today Africans themselves read, challenge, rewrite these discourses as a way of explicating and defining their culture, history and being. » Mudimbe croit pouvoir exclure du *writing back* les ouvrages de fiction tout comme des récits de voyage et autres textes « populaires » : « They generally express a normative *doxa* and its submission to an *episteme* ». Nous pensons, dans la ligne de ce qui est déjà exprimé par les sous-titres de notre livre : « prétextes, contextes, intertextes », que les textes de fiction ne sont pas de simples « traductions » simplifiantes et popularisantes de ce qui est déjà dit dans les textes anthropologiques et philosophiques. Ils sont également des instruments de *Wahrheitsfindung* — pour trouver une vérité. Aucun texte anthropologique ou philosophique peut nous renseigner aussi bien et en détail sur les problèmes de l'assimilation et la communication interculturelle qu'un roman, qui est une sorte d'expérimentation, une *Versuchsanordnung*, qui expose ses personnages à toute une série d'essais sous des conditions imaginées et des confrontations variables. Les relations de la littérature africaine du XXᵉ siècle à ses précurseurs coloniaux ne se limitent pas au *writing back*, mais s'articulent également via le commentaire, l'exégèse, la continuation ou l'*amplificatio*, l'antithèse et la litote, la périphrase et la répétition.

L'intertexte colonial : Dans bon nombre de mes articles j'ai étudié les liens qui relient la littérature coloniale à la littérature africaine. Mon chemin prenait son départ de la littérature africaine et me conduisait, par la logique de mon questionnement, vers le passé colonial et ses littératures. Dans la plupart des cas je fais le lien entre des textes bien précis du domaine colonial tout comme du côté des auteurs africains. Je prends quelques exemples de mon volume *De la littérature coloniale à la littérature africaine* qui illustrent le voisinage entre les deux domaines : dans le chapitre sur les textes de Randau[25] et de

---

24. Mudimbe, V. Y. , *The Invention of Africa*, Bloomington, Indiana University Press, 1988.
25. Randau, Robert, *Le chef des porte-plume. Roman de la vie coloniale*, Éds. du Monde Nouveau, 1922, 240 suiv. [Online : https://archive.org/about/]

Delavignette[26] je propose une lecture de deux romans qui jettent un regard très critique sur le système colonial français en Afrique, ses représentants et ses effets sur la société africaine : (1) *Le chef des porte-plume* (1922) de Robert Randau (anagramme de R. Arnaud) ; (2) *Toum* (1926) de Louis Faivre (pseudonyme de Robert Delavignette). Il s'agit de deux auteurs bien intégrés dans le système colonial français, qui ne prétendaient ni faire de l'anticolonialisme ni critiquer de l'extérieur l'œuvre coloniale de la France ; leur position à l'intérieur du système colonial (et leur qualité de Français) les met à l'abri de tout soupçon de vouloir s'ériger en détracteurs du colonialisme, d'attaquer la France et ses hautes œuvres en Afrique.

Dans cet ouvrage de référence qu'est *L'Afrique Occidentale dans la littérature française (depuis 1870)* de Roland Lebel (1925)[27], Robert Randau, alias Arnaud, est présenté comme auteur colonial modèle. Il est, selon Lebel, le seul écrivain français qu'on puisse comparer à Rudyard Kipling (1865-1936), né, comme son confrère anglais, dans la colonie même, et prix Nobel en 1907 : « c'est un véritable Africain d'adoption, et qui s'identifie avec la colonie ; il réalise le type le plus complet de l'écrivain colonial » (p. 230). Cela ne l'empêche pas de nous présenter la société coloniale comme une société en décomposition, caractérisée par la laideur, la vulgarité et la misère. C'est comme la continuation de certains passages de la célèbre préface du roman *Batouala* (1920) « véritable roman nègre » de René Maran[28] :

> Car la large vie coloniale, si l'on pouvait savoir de quelle quotidienne bassesse elle est faite, on en parlerait moins, on n'en parlerait plus. Elle avilit peu à peu. Rares sont, même parmi les fonctionnaires, les coloniaux qui cultivent leur esprit. Ils n'ont pas la force de résister à l'ambiance. On s'habitue à l'alcool. [...] Ces excès et d'autres, ignobles, conduisent ceux qui y excellent à la veulerie la plus abjecte. (p. 13)

Le « chef des porte-plume », le gouverneur Ledolmer, sur le lit de mort, fait un bilan totalement pessimiste du système colonial qui ne profite ni aux colonisateurs ni aux indigènes :

> Eh bien, mes amis, il est maintenant des heures où je me demande ce que nous sommes venus faire ici, aux dépens de notre vie ; nous avons eu des gestes héroïques, mais à quelles fins ? Jamais notre race ne s'acclimatera dans les pays tropicaux, où elle ne peut que s'atrophier en se métissant. Ces gens-là [les Noirs] étaient habitués à des idées simples, à des dogmes peu compliqués ; nous troublons profondément leur psychologie, même malgré nous, et pourquoi ? (p. 241)

---

26. Delavignette, Robert (sous le pseudonyme de Louis Faivre), *Toum*, Paris, Bernard Grasset, 1926.
27. Lebel, Roland, *L'Afrique Occidentale dans la littérature française (depuis 1870)*, Paris, Larose, 1925.
28. Maran, René, *Batouala. Véritable roman nègre*. Éd. définitive, Paris, Albin Michel, 1938. [1921]

Robert Delavignette (1897-1976), administrateur des colonies, directeur de l'*École Nationale de la France d'Outre-Mer* depuis 1937 et Président de l'*Académie des Sciences d'Outre-Mer* à partir de 1958, est connu surtout pour ses trois "livres africains", *Les Paysans Noirs* (1931), *Paris - Soudan - Bourgogne* (1935) et *Les vrais chefs de l'Empire* (1939), qui, selon Marius-Ary Leblond, « sont des œuvres magistrales de la doctrine coloniale éminemment représentative du génie français, de psychologie et de coloris » (121)[29]. C'est à partir des expériences de ses premières années en tant que jeune administrateur des colonies, au Sud du Niger que Delavignette trouve l'inspiration de ce roman dont le titre rappelle un nom de femme africaine : Toum, forme abrégée de Toumtia, « brebis » dans la langue du pays. (97). Quand le « Monsieur » apprend que Toum attend un enfant de lui, il s'exalte — dans son rêve du colonisateur :

> Nous avons vaincu ce pays sur ces faibles habitants, nous commençons à le vaincre sur lui-même. Nous l'ouvrons de routes qui le resserrent et l'étendent à la fois, nous multiplierons bientôt les peuples, les troupeaux et les récoltes. À quoi nous serviraient tant d'œuvres merveilleuses si nous ne pouvions accomplir l'œuvre de chair. Nous apparaissons comme des Dieux. Mais qu'il nous soit permis de nous unir aux filles des hommes et d'engendrer. (p. 197)

Seulement l'amour se révélera stérile, l'enfant sera mort-né (239). L'« humanisme colonial » de Robert Delavignette, le rêve de n'être qu'un homme devant les autres hommes, et surtout devant la femme africaine, se heurte à tout instant au rôle qu'il doit tenir et pour lequel il a été envoyé aux colonies. C'est à travers les multiples tâches d'un administrateur colonial dans la brousse soudanaise, les fonctions qui le mettent en contact avec la population indigène, que le lecteur comprend l'impossibilité des relations humaines sous les auspices du système colonial. Ici, comme chez Randau, on croirait entendre l'écho de la préface de *Batouala* : « Civilisations ! Civilisations ! » Le mot sera repris et commenté par le narrateur fictif africain. C'est le passage à la fois le plus dur et le plus pathétique du roman : tout le système du colonisateur semble être bâti sur le mensonge, le mensonge suprême (quand « ils se mentent à eux-mêmes ») étant le mensonge de la civilisation ! (*Toum*, p. 143)

> Et de chaque côté de la route jalonnée de châteaux, règnent la misère et les épidémies. [...] Et ils nous arrachent aux cultures pour nous abrutir à des corvées de magnificence. [...] ils ont besoin de dresser le décor de leur pays. Et dans le faux-semblant du décor ils nous lancent [...] leur fameuse tirade : « Civilisation ! Civilisation ! »

Nul doute que Robert Delavignette, le jeune « Monsieur » de *Toum*, par narrateur africain interposé, aille jusqu'aux limites de ce qui fut possible à l'époque : mise en question de l'entreprise coloniale, réflexion sur ses mobiles cachés et ses buts non avoués, dans un effort de voir les choses de l'autre côté.

---

29. Leblond, Marius-Ary (éds.), *Anthologie coloniale. Morceaux choisis d'écrivains français*, Paris : J. Peyronnet et Cie, 1943.

Un cas particulièrement intéressant est un autre roman de Robert Delavignette, *Les paysans noirs*, dont l'*editio princeps* est de 1931, mais qui a connu une deuxième édition après la guerre, en 1946-1947[30], réécriture partielle de la première édition ; et en plus une lecture du roman par l'auteur ivoirien Amadou Koné de 1976 (mais le livre fut terminé en 1969 !) comme « réponse » d'un auteur africain au texte de Robert Delavignette dont le titre est *Jusqu'au seuil de l'irréel*[31]. De la double comparaison, interne par rapport à l'évolution de la pensée et de l'écriture de l'auteur colonial qu'est Robert Delavignette, et externe par rapport à un jeune auteur africain (né en 1953) nous pouvons voir l'évolution de la pensée coloniale dans le temps et dans la perspective africaine d'un jeune Ivoirien.

Le roman des *Paysans Noirs*, dans ses deux versions de 1931 et de 1946-1947 a non seulement changé de signification, son auteur aussi est devenu un autre. En même temps plus conscient de sa situation, plus fragile, plus clairvoyant et plus vulnérable. Conscient du fait que son discours de colonial prête le flanc à toutes sortes de doutes, de critiques possibles auxquelles il faut répondre. L'augmentation du nombre des pages de 223 en 1931 à 263 en 1947 montre que certaines idées n'allaient plus de soi, qu'il fallait expliquer, rectifier, préciser, clarifier. Le souci du terme exact et adéquat par lequel le livre de Delavignette se démarque nettement du vocabulaire colonial en usage à l'époque, nous le retrouvons tout le long du texte de la réédition de 1947. Je ne cite que quelques exemples pris du premier chapitre, de termes modifiés par rapport à l'édition de 1931 : « métayers » — « cultivateurs », « métayers » — « paysans », « indigènes » — « Noirs », « gens » — « paysans fétichistes », « mâles » — « hommes », « porteurs » — « serfs », « métairies » – « soukalas », « paysans vendus » — « paysans déportés ». - « Ce qui compte », dit Delavignette dans sa nouvelle préface, « c'est la plus ou moins grande justesse du mot français et de l'accent français pour dire l'humanité des piocheurs africains » (p. 16). La réécriture des *Paysans Noirs* fut donc, avant tout, un travail sur la langue, la recherche du mot juste, du terme non seulement exact mais qui tienne compte également des nouvelles données de la politique coloniale de la France.

Avec son roman « modèle » — modèle d'une situation et d'une nouvelle politique coloniale[32] — Delavignette rêve d'avoir donné un modèle également pour les futurs auteurs africains. Comme chez d'autres auteurs de l'époque la littérature coloniale s'entend comme une littérature « par procuration » :

> Je n'ai fait qu'ouvrir la voie dans l'Afrique rurale, qui offre maintenant aux romanciers la richesse de ses caractères ; ses superstitions, ses peurs,

30. Delavignette, Robert, *Les paysans noirs*, Paris, Stock, 1931, 1946.
31. Koné, Amadou, *Jusqu'au seuil de l'irréel*. Chronique, Abidjan, Les Nouvelles Éditions Africaines, 1976.
32. Riesz, János, « *Les Paysans Noirs* : Roman modèle ou modèle de roman(s)? », in : *Robert Delavignette, savant et politique (1897-1976)*, sous la dir. de Bernard Mouralis et Anne Piriou, Paris (Karthala) 2003, 305-320.

ses tares inévitables, mais aussi ses danses, ses chants, son génie à la fois sédentaire et migrateur, et son pouvoir vital d'aimer. Je souhaite que des écrivains noirs se lèvent à leur tour pour donner une suite plus profonde à ce livre, qui gardera peut-être l'honneur de les avoir suscités. (p. 17)

Le petit roman d'Amadou Koné se présente comme « chronique » et se donne à lire, suivant sa courte préface (p. 11), ainsi que *Les Paysans Noirs*, comme un livre qui prétend présenter une réalité qui concerne toute l'Afrique, « une grande tragédie africaine », une histoire qui fut contée, le soir autour du feu par un des hôtes arrivé la veille, quand l'auteur était encore enfant. C'est seulement après de longues années qu'il a compris la vraie dimension de l'histoire : « que la vie de chaque paysan africain était presque identique à celle de Karfa [le protagoniste du roman], que Soubakagnandougou [le village où se joue le roman] n'était pas un village particulier mais représentait tous les villages, toute l'Afrique où la sorcellerie damne la société » (p. 11). Le thème du livre nous est ainsi donné : la sorcellerie, et avec elle, la lourde atmosphère d'angoisse dans laquelle baigne la société villageoise. Ce qui, dans *Les Paysans Noirs*, se donnait à lire en filigrane du roman, domine la scène chez l'auteur africain, et la partie ne se joue plus, en premier lieu, entre le commandant blanc et les sorciers, représentant les forces rétrogrades de la société indigène, mais à l'intérieur de la société africaine et villageoise elle-même.

Le personnage du « Nouveau Commandant » (titre de la deuxième partie) est visiblement construit sur le modèle de Robert Delavignette tel qu'il se présente dans *Les Paysans Noirs*. L'auteur africain fait entrer son lecteur dans la mentalité du commandant, essaye de le comprendre et d'entamer un dialogue :

Il se disait que ce pays l'oppressait et il se demandait quand il pourrait revenir chez lui. — Non, commandant, ce n'était pas de sitôt. L'Afrique incomprise et mystérieuse se révélait à vous. D'autres bizarreries vous attendaient pour vous oppresser et vous angoisser encore. Vous aimiez cette Afrique et essayiez de la comprendre malgré ses mystères ; malheureusement vous vouliez la dominer avec la force du Blanc. (p. 103 suiv.)

Les deux auteurs, qui présentent une même réalité historique, se sentent solidaires dans leur combat contre les forces rétrogrades de cette société africaine, forces qui ont nom de « sorcellerie » et qui ne se présentent pas de façon très différente d'un côté à l'autre. Pour le commandant blanc l'huilerie et la culture de l'arachide signifient la modernisation qui, seule, peut vaincre la sorcellerie. Mais ses administrés ne le voient pas de la même façon. Il se fait quand même une alliance contre l'ennemi commun, la sorcellerie et les sorciers.

Sans nul doute, le roman *Jusqu'au seuil de l'irréel* d'Amadou Koné est une réponse directe aux *Paysans Noirs* de Robert Delavignette. Il reprend le fil de la narration, la trame « morale » du récit, à savoir la lutte contre les forces maléfiques de la société villageoise africaine. Le jeune auteur ivoirien dont la famille est originaire de la région de la Haute Volta où se jouent les deux « romans », a connu l'histoire de *Tièdjan commandant* par le récit oral qui s'est transmis dans sa famille et qui a gardé le souvenir des événements narrés. La dédicace du livre à la mémoire de son père peut être entendue dans ce sens. Avec la naissance d'une littérature africaine de langue française il nous est donné de connaître l'autre version (ou faut-il dire : l'autre versant ?) de l'Histoire. Le texte de Robert Delavignette n'y perd pas. Il est mieux inséré dans son temps et il a connu cette « suite plus profonde » qu'il avait lui-même souhaitée dans la préface à la nouvelle édition des *Paysans Noirs* de 1947.

János RIESZ

La littérature comparée
et mon expérience personnelle ⸻

Mon intérêt pour la littérature vient de très tôt, dès l'enfance et l'adolescence, alors que je passais des heures dans la bibliothèque de mes parents — lui, professeur universitaire et critique de littérature et elle, lectrice assidue d'œuvres littéraires — et que je découvrais l'enchantement des mots et la fascination pour les récits qui me transportaient dans d'autres sphères. C'est alors que j'ai parcouru, avec un enthousiasme démesuré, les vastes plaines de la littérature brésilienne et visité, avec la même euphorie, des haltes et des lieux dans des littératures étrangères, en réfléchissant parfois aux ressemblances et aux différences que je percevais dans la lecture, autant entre les œuvres elles-mêmes qu'entre les divers contextes dans lesquels elles avaient été produites. À l'époque, je ne connaissais pas encore les études de Littérature Comparée, mais, comme j'ai pu m'en rendre compte par la suite, je formulais déjà, sans en être concrètement conscient, des réflexions de caractère comparatif qui allaient me mener plus tard à une plongée sans retour dans les eaux des Études Littéraires.

En terminant le secondaire, j'avais déjà défini dans quelle voie je souhaitais m'engager. J'ai donc passé l'examen d'entrée à la Faculté des Lettres de l'Université Fédérale de Rio de Janeiro — l'une des plus prestigieuses du pays — et ayant été reçu, j'y ai commencé mes études. Au cours de mes quatre années de faculté, j'ai bien élargi mes connaissances et me suis spécialisé dans les méthodes et techniques d'approche du phénomène littéraire, mais ce qui a le mieux contribué à ma formation académique, ce fut l'accent mis sur la réflexion critique par nos enseignants. Là, la fréquentation des collègues et professeurs, avec qui j'ai appris, par-dessus tout, la valeur du dialogue, l'échange salutaire d'informations et surtout d'idées, tout cela a été décisif pour moi. Je me souviens avec émotion de cours magnifiques que nous suivions, où nous discutions les œuvres des poètes et des romanciers, ainsi que des réflexions d'ordre théorique et critique qui avaient été publiées à leur sujet. Et je me rappelle, surtout, nos débats en classe, où la parole circulait et où l'écriture jaillissait, produite en quelque sorte par nos réflexions. C'était des cours de littérature marqués par une forte interdisciplinarité où l'on faisait de fréquentes références aux autres formes de manifestation esthétique, ainsi qu'à d'autres domaines du savoir tels que la philosophie, la sociologie et l'histoire.

Pourtant, tout n'était « pas rose » à cette époque-là. Les temps étaient difficiles, marqués par une grande répression, des temps où la parole constituait un risque constant et devait être toujours dosée avec prudence. Et il y eut des luttes, suscitées tant par des étudiants que par des professeurs, qui se transformèrent en grèves et en réunions qui finirent souvent en violences. Au milieu des turbulences de la vie de notre pays, nous avancions cependant vers la conclusion de nos cours et nous avons obtenu notre diplôme en décembre 1968, quinze jours après le décret AI-5, et le discours volontairement muet de notre représentante de promotion. Quelques mois plus tard, nous terminions aussi la partie de pédagogie, à la Faculté d'Éducation, et nous devenions alors aptes à enseigner les Lettres. Donc, cette année-là, 1969, avec sept autres collègues, j'ai commencé à enseigner à l'université et, en janvier 1970, je suis devenu professeur titulaire du Département des « Lettres Vernaculaires », où j'enseignais à la fois la langue portugaise et la littérature brésilienne.

L'expérience d'enseigner dans une université comme l'UFRJ et celle de donner deux cours différents — Langue et Littérature — m'ont donné l'élan nécessaire pour définir mes objectifs. L'enseignement de la langue portugaise m'a amené à approfondir des études en Linguistique, commencées à la faculté, et ont éveillé en moi des questions de caractère sémiologique qui ont été plus tard une précieuse collaboration à mes recherches littéraires ; quant à l'enseignement de la littérature brésilienne, outre le fait de développer considérablement mes connaissances en la matière, il m'a fait prendre encore davantage conscience du besoin de mettre en corrélation les diverses littératures nationales ou de langues différentes. En plus des cours que je donnais, je suivais aussi à cette époque le cours de Master qui venait d'ouvrir en 1970, et je participais à des projets qui m'ont permis d'acquérir un bon entraînement professionnel. Malgré tout, mon centre d'intérêt principal — la littérature — me poussait à approfondir mes connaissances dans d'autres littératures et à explorer plus à fond les méthodes et techniques d'approche du phénomène littéraire.

C'est alors que je me suis décidé pour la Littérature Comparée. J'avais été en contact avec des textes de comparatistes depuis mes premières années de Lettres, et j'étais toujours séduit par l'ampleur de leur savoir et par leur manière de circuler aisément entre les diverses littératures nationales. À cela s'ajoutait maintenant l'aspect interdisciplinaire de leurs études, surtout celles des figures liées à l'« École Nord-Américaine » qui avait considérablement élargi les perspectives de la période antérieure, encore coincée, si l'on peut employer ce mot, dans l'historicisme et le positivisme dominants, à l'époque de la définition, puis de la consolidation de la discipline dans le contexte académique. Les États-Unis représentaient à ce moment-là le lieu adéquat pour étudier la Littérature Comparée et c'était là que je devais aller. Restait à définir le lieu et, après m'être renseigné sur plusieurs universités, j'ai choisi l'Université de Caroline du Nord, à Chapel Hill, qui possédait un excellent département où se trouvait le Professeur Werner Friederich, co-auteur avec Fernand Baldensperger, de la célèbre *Bibliography of Comparative Literature* qui marquait pour beaucoup le début des études modernes de la discipline. Le « IIe Congrès de l'Association Internationale de Littérature Comparée » s'y était tenu en 1958 et le Professeur René Wellek, alors enseignant à l'Université de Yale, y avait donné une conférence intitulée « La crise de la Littérature Comparée » qui avait provoqué une scission chez les comparatistes, donnant lieu à la naissance de deux « écoles ».

Je suis arrivé à Chapel Hill en janvier 1971, après avoir obtenu de l'UFRJ l'autorisation de faire un master à l'étranger. Dès mon arrivée, j'ai commencé à suivre les cours et réussi à obtenir les valeurs exigées dans les disciplines spécifiques en Littérature Comparée ainsi que dans les littératures de langue anglaise et espagnole. La portée des études que le master en Littérature Comparée offrait et la possibilité donnée par l'université américaine de suivre des cours de plusieurs disciplines ont fourni le *stimulus* dont j'avais besoin pour me consacrer à ce domaine. Mais parmi les expériences que j'ai vécues durant mon séjour à Chapel Hill, c'est l'enseignement qui a le plus favorisé mon développement professionnel, car j'y ai enseigné, au titre de « Professeur Assistant », à tous les niveaux de langue portugaise ainsi qu'une discipline, Culture et Civilisation Brésiliennes, pour des étudiants qui avaient déjà un certain niveau de langue. La vision du portugais langue étrangère et les techniques et méthodes employées pour l'enseignement des langues étrangères ont constitué pour moi un grand instrument pédagogique, et ont fourni, de plus, une précieuse contribution à la question sur laquelle je devais me pencher plus tard : le problème de l'ethnocentrisme. J'avais été, jusque-là, étudiant en langues étrangères, d'abord au Brésil, puis à New York, où j'avais fréquenté l'Université Columbia, en 1967, dans un cours avancé d'anglais pour étrangers, et j'exerçais à présent la fonction inverse à Chapel Hill.

Au milieu de l'année 1972, ayant terminé toutes les « valeurs » des disciplines, je me suis consacré plus intensément à la dissertation. La distanciation de la réalité brésilienne due au séjour aux États-Unis et mes études en littérature hispano-américaine ont éveillé en moi, à cette époque, une grande préoccupation portant sur les différences latino-américaines et sur le jeu des similitudes et des dissemblances culturelles entre le Brésil et les pays de langue espagnole du sous-continent. En outre, la période contemporaine se révélait pour moi extrêmement passionnante, car elle abordait des questions que je vivais personnellement et avec lesquelles j'allais pouvoir établir un dialogue plus profond et dynamique. Pour ces raisons, je choisis comme *corpus* de mon mémoire les œuvres de deux écrivains contemporains — un Brésilien et un Argentin — qui présentaient, en dépit de différences significatives, de forts dénominateurs communs. Un an plus tard, en août 1973, j'ai obtenu mon master à Chapel Hill en soutenant mon mémoire qui portait sur une étude comparée des œuvres de Guimarães Rosa et Julio Cortázar ; j'y traitais surtout de la remise en question par ces deux écrivains de l'automatisme dans lequel le langage littéraire était tombé, dans leurs pays respectifs, et des innovations qu'ils y avaient introduites sur le plan de la langue *stricto sensu* et du discours narratif. Le mémoire fut publié en 1980, dans l'original en anglais, par les éditions « Estudios Hispanófilos » de Valence, en Espagne.

En dépit de nouvelles directions professionnelles découvertes à Chapel Hill et de la présence de certains professeurs dont le travail a laissé des traces dans ma formation, j'ai choisi de poursuivre mes études de Littérature Comparée et de faire un doctorat dans une autre université nord-américaine. Ces deux ans et demi passés aux États-Unis m'avaient appris à percevoir des différences significatives entre les diverses régions du pays, et j'avais pu observer qu'en termes de Littérature Comparée, elles avaient une importance indéniable. Dans les universités de la Côte Est, en général, on observait une certaine préférence pour les littératures les plus prestigieuses en Europe Occidentale, tandis qu'en Californie et d'autres points dispersés du Midelwest, on constatait une plus large ouverture, avec des centres d'études assez développés qui incluaient des littératures d'autres nations ou d'autres langues, non seulement européennes, situées en dehors de l'axe central, mais aussi asiatiques et africaines. Empreint du désir de poursuivre mes recherches sur les littératures des Amériques et sachant que la Californie était, par ses conditions historiques, le *locus* le plus adéquat pour la réalisation de mes objectifs, j'ai sollicité l'entrée à Berkeley, et ayant été admis, je me suis dirigé vers cette institution en septembre 1973.

Si Chapel Hill m'avait montré des voies décisives pour mes études littéraires, Berkeley a représenté, sans aucun doute, une consolidation de cette voie, incontournable pour sa vision de la Littérature Comparée. D'avant-garde dans tous les sens du terme et fière d'ajouter à cet aspect l'excellence de ses cours et la réputation de l'un des meilleurs centres de recherche du pays, l'Université de Californie–Berkeley offrait à ses étudiants un spectre d'options extrêmement varié, qui alliait la palette des disciplines enseignées par les professeurs-maison à de fréquents cours donnés par des professeurs-invités venus de tous les coins du monde. Durant mon séjour, de grandes personnalités de tous les domaines du savoir, comprenant des écrivains, artistes et cinéastes, certains même brésiliens que j'ai connus personnellement, sont passés par l'université pour donner des conférences et des cours intensifs. Ce contact avec les comparatistes et surtout avec les théoriciens de la littérature m'a été extrêmement profitable. Leurs recherches souvent encore inachevées étaient présentées et discutées, en cours comme en conférences, et les résultats étaient accessibles dans des publications ouvertes ou restreintes. Les éditions de l'université, soit dit en passant, étaient et sont toujours parmi les plus dynamiques du pays.

Le doctorat en Littérature Comparée à l'Université de Californie–Berkeley exigeait de dominer les méthodes et techniques de la discipline, de connaître intégralement la littérature d'une langue et celle de deux autres langues sur une période de cent cinquante ans. En outre, on était très rigide en ce qui concernait la connaissance des langues étrangères : on devait bien dominer les trois langues concernées par le sujet d'études du candidat, mais on demandait aussi la connaissance passive d'une autre langue moderne (dans mon cas, le français) et d'une langue classique. Cette dernière exigence m'a paru au départ absurde, malgré les bases que je possédais déjà en latin, mais elle s'est révélée par la suite bien utile, surtout parce qu'elle m'a permis de mieux connaître les classiques et de pénétrer avec plus d'aisance dans les méandres des langues néolatines. Concernant la Littérature Comparée, le moment était encore à la prédominance des courants immanentistes de la pensée, mais l'ouverture permise par l'université, ajoutée à la composante politique des mouvements qui se répandaient dans le contexte nord-américain, depuis la décennie antérieure, avaient eu raison des vestiges illuministes qui soutenaient le *Rêve américain (American dream)* des années 1950, ce qui d'ailleurs a favorisé mes choix.

Mon passage par l'Université de Californie–Berkeley ne serait pas complet sans mentionner deux autres activités qui ont joué un rôle notable dans ma future vie professionnelle. La première a été l'enseignement, pendant tout mon séjour, au titre de « Teaching Assistant » ou « Associate » en langue portugaise, à tous les niveaux, d'un cours de culture brésilienne pour les étudiants qui dominaient la langue. La seconde activité a été la création et l'édition, avec un groupe de collègues du département, de la revue littéraire *Via*, publiée à l'université. L'initiative de la revue était partie d'un groupe de doctorants en Littérature Comparée auquel j'appartenais, qui privilégiait les périodes les plus récentes des littératures des Amériques. Il s'agissait d'une publication trilingue — en anglais, espagnol et portugais — qui visait à réunir et divulguer des textes récents de poésie, de fiction ou de critique, apparus en divers lieux du continent. Le caractère pluriel de la revue, tout à fait dans l'esprit d'éclectisme de Berkeley, la sélection judicieuse de ses textes, dus pour nombre d'entre eux à des auteurs déjà consacrés, sa conception graphique soignée lui ont valu les éloges de la critique et une bonne diffusion. Le premier numéro fut publié en 1976 et le second en 1977, puis la parution s'est malheureusement interrompue à la suite de la dissolution du groupe et du retour de ses membres dans leur pays ou état d'origine.

Après avoir été reçu aux examens de qualification, je suis resté un trimestre supplémentaire à Berkeley pour compléter le matériau de ma thèse de doctorat, dont la recherche était déjà bien avancée, puis j'ai présenté le projet au département qui l'a approuvé. Ce dernier trimestre à Berkeley m'a été très utile. Le matériau rassemblé lors des longues séances à la bibliothèque m'a bien servi, non seulement pour rédiger la thèse, mais aussi pour produire des textes publiés plus tard et pour mes cours à l'UFRJ. En outre, les rencontres hebdomadaires avec mon directeur de thèse ont permis de tracer pour celle-ci une ligne si claire et ferme que les modifications postérieures, même variées, n'ont jamais complètement altéré sa structure initiale. Une fois encore, j'ai concentré mes recherches sur ce qu'on appelait alors le « nouveau roman » latino-américain, en me focalisant à présent en *close reading* sur *Grande sertão : veredas* [traduit en français sous le titre de *Diadorim*], mais en le considérant également à partir d'un dialogue avec d'autres grands romans contemporains, comme *Rayuela [Marelle]*, de Julio Cortázar, *La casa verde [La Maison verte]*, de Vargas Llosa et *Cien años de soledad [Cent Ans de solitude]*, de García Márquez. Comme mon mémoire, ma thèse a également été publiée par la suite, dans l'original en anglais, par les éditions de l'Université de Caroline du Nord.

En mars 1977, juste après mon retour au Brésil, j'ai réassumé mes fonctions de professeur assistant à l'UFRJ, en donnant des cours de diverses disciplines en littérature brésilienne, dans le département des « Lettres Vernaculaires », et employant le reste de mon temps en recherches, d'abord pour ma thèse, puis, après l'avoir terminée, pour des projets que j'ai développés au CNPq [Conseil National de Recherche]. Dans mes cours, j'ai transmis aux étudiants les techniques et méthodes apprises aux États-Unis et essayé de développer chez eux le goût pour la recherche. Cela a peut-être été l'aspect le plus gratifiant de ma carrière d'enseignant, celui auquel j'ai pu donner libre cours, après l'obtention de mon titre de docteur, lorsque j'ai commencé à enseigner dans le Troisième Cycle. L'enseignement de la littérature brésilienne me plaisait, par une richesse que j'ai toujours perçue dans notre littérature, mais il provoquait en moi une certaine insatisfaction que je cherchais à atténuer dans les disciplines optionnelles, avec l'insertion d'auteurs appartenant à d'autres littératures. C'est alors que j'ai sollicité mon transfert au département des « Sciences de la Littérature » dans lequel se trouvait la Littérature Comparée qui n'était enseignée qu'en Troisième Cycle. En arrivant dans le nouveau département, en 1979, j'ai eu l'immense plaisir de travailler avec le professeur Eduardo Portella que j'admirais depuis toujours pour ses publications et pour le niveau de sa réflexion critique. Là, j'ai créé plusieurs disciplines optionnelles que j'ai commencé à proposer semestriellement, et j'ai travaillé pour la transformation de la matière « Évolution de la Littérature » qui n'existait qu'au programme de licence, en Littérature Comparée, ce qui finit par se faire quelques années plus tard.

Je suis revenu à l'Université Fédérale de Rio de Janeiro après le master et le doctorat aux États-Unis et j'y suis resté jusqu'à présent, donnant régulièrement des cours de licence et de Troisième Cycle, orientant des thèses, des mémoires et des travaux de boursiers en « Initiation scientifique », supervisant des recherches de Troisième Cycle, participant à de nombreux jurys de soutenances de thèses et de mémoires, et même de concours pour le recrutement de professeurs dans notre université. Concernant ma carrière d'enseignant, je suis devenu professeur-adjoint à la fin de mon doctorat et, en 1993 j'ai été admis au concours de professeur titulaire de Littérature Comparée, consolidant ainsi mes liens avec la discipline. J'ai également eu des expériences dans l'administration, telles que : coordinateur du programme du Troisième Cycle en Sciences de la Littérature, en 1985-1986 ; directeur-adjoint du Troisième Cycle de 1990 à 1994, à cette occasion, j'ai créé la revue *Terceira Margem*, encore active aujourd'hui ; membre du conseil administratif de la Fondation

José Bonifácio de 1992 à 1995 ; membre du Conseil Universitaire de 1998 à 2002. Mais de toutes ces fonctions, celle que j'exerce encore aujourd'hui et qui m'a apporté d'immenses satisfactions a été la possibilité de fonder et diriger le Centre d'Études Afrânio Coutinho, le CEAC, un organisme de recherche fondé sur l'installation de la bibliothèque privée du professeur Afrânio Coutinho, mon père, fondateur de la Faculté de Lettres, dans une aile contiguë à la bibliothèque. J'y réalise, avec le soutien de collègues et d'étudiants, des recherches qui ont donné lieu à diverses publications et à la réalisation de cours et de conférences.

Depuis l'époque de ma formation jusqu'à présent, la Littérature Comparée a beaucoup évolué, passant de l'étude comparative des diverses littératures nationales ou de celles produites dans des langues différentes, à un véritable dialogue des cultures. Outre l'inclusion de la production littéraire hors des canons ou de la tradition occidentale classique, comme celle de pays ou de régions de moindre prestige, dans le contexte politico-économique, ou encore de groupes considérés comme « minorités militantes », elle prend maintenant en compte des expressions littéraires jusqu'à présent en marge des études académiques, comme certaines formes d'expression populaire et de discours d'ordre culturel, incluant ce qu'on nomme la « littérature orale ». Ces transformations suscitées, en grande partie, par des courants de pensée qui ont joué un rôle important dans le milieu académique occidental, au cours de la seconde moitié du XXe siècle, telles que la déconstruction, la nouvelle histoire, les études culturelles et post-coloniales, ont considérablement élargi le cadre de la discipline, lui apportant une projection extraordinaire au plan international. Au cours de ma carrière professionnelle à l'UFRJ, j'ai cherché à accompagner cette transformation, non seulement à travers mes publications, mais aussi en participant à des événements au Brésil et à l'étranger, et en créant l'Association Brésilienne de Littérature Comparée, ABRALIC, avec la professeure Tania Carvalhal et d'autres collègues de divers états du pays. L'ABRALIC est devenue, à notre grande satisfaction, le principal forum de débats dans ce domaine au Brésil, ainsi que l'attestent ses nombreux congrès, parmi lesquels celui que j'ai eu l'occasion d'organiser en 1996 à l'UFRJ.

Conçue pendant le XIe Congrès de l'Association Internationale de Littérature Comparée — organisé par le professeur Daniel-Henri Pageaux à l'Université de Sorbonne-Nouvelle, Paris, en 1985 — par un petit groupe de spécialistes brésiliens qui y étaient présents, dans le but de favoriser, à travers un échange plus dynamique avec les autres pôles d'études de la discipline, un développement efficace du comparatisme au Brésil, elle a été fondée, de fait, un an après à Porto Alegre durant le « Ier Séminaire Latino-Américain de Littérature Comparée ». L'ABRALIC est devenue la principale association de littérature du pays, elle refuse toute spécificité et englobe tout type d'étude dans ce domaine. L'ABRALIC a réalisé, durant ses trente-quatre années d'existence, d'innombrables congrès internationaux de grande portée, suivis de la publication des Annales. Elle offre deux supports importants de divulgation — le bulletin *Contraponto* [Contrepoint] et la *Revista Brasileira de*

Literatura Comparada [Revue Brésilienne de Littérature Comparée]. Elle réunit des professeurs et chercheurs dans le domaine des lettres au Brésil et elle encourage des recherches qui vont des approches les plus traditionnelles aux pôles situés auparavant en marge des études de littérature, puisqu'ils ne traitaient pas forcément de textes jugés littéraires, tels que ceux étudiés dans le cadre des Études Culturelles.

La Littérature Comparée, dans ses multiples aspects, constitue l'axe moteur des recherches que j'ai réalisées à l'UFRJ et que j'ai tenté de disséminer au Brésil et à l'étranger, au moyen des cours que j'ai donnés, des événements auxquels j'ai participé, des conférences, colloques et communications que j'ai présentés. Dans le premier cas, je relève, par ordre d'importance qu'ils ont eu pour moi en termes d'échange d'informations et d'idées, les cours que j'ai donnés à l'Université de La Havane à Cuba, à l'Université Nationale de Córdoba en Argentine, à l'Université de Pereira en Colombie, à l'Université de Bochum en Allemagne, et surtout à l'Université d'Illinois aux États-Unis où j'ai passé un an en tant que professeur invité. Dans le second cas, je ne manquerai pas de mentionner les nombreux congrès et symposiums de l'Association Internationale de Littérature Comparée dont j'ai été membre du conseil pendant quelques années, puis vice-président, et grâce à laquelle j'ai eu l'opportunité de divulguer mes recherches dans plusieurs endroits du monde. En 2007, alors que j'étais vice-président, j'ai organisé à l'UFRJ, pour la première fois en Amérique latine, le XVIIIe congrès international de l'ABRALIC qui a compté près de huit cents participants de divers pays et dont les travaux sélectionnés ont été publiés en trois volumes des Annales.

Dans la sphère du comparatisme, en dépit du fait d'avoir circulé dans plusieurs territoires et de m'être nourri à des sources variées, mon centre d'intérêt principal s'est porté sur la production littéraire brésilienne et hispano-américaine. Bien qu'elle n'ait rien à envier à sa contemporaine européenne et nord-américaine, celle-ci était la plupart du temps abordée, du moins dans les études traditionnelles, selon une perspective dichotomique qui la plaçait toujours en position de désavantage par rapport à ces dernières. La comparaison des œuvres, des auteurs et/ou des mouvements littéraires existait déjà depuis longtemps en Amérique latine, mais l'approche adoptée par ces études était à ce point dénaturée par le processus colonisateur que les résultats laissaient presque toujours apparaître un privilège concédé à la production étrangère, d'origine euro-nord-américaine, au détriment de ce qui provenait de nos pays. Cette pratique qui a atteint son apogée pendant la période dominée par le Structuralisme, a commencé à être remise en question en Amérique latine dans les années 1970. La déconstruction qui insistait sur l'idée de différence, et la revalorisation de la perspective historique qui a rappelé l'importance du contexte ont apporté sur ce plan une précieuse contribution. La remise en question de concepts tels que « nation », « langue » et "littéralité", piliers traditionnels du comparatisme, a agi de telle sorte sur les spécialistes qu'elle les a conduits à restructurer certains des principes de base qui régissaient la discipline. Ce qui était considéré comme une copie imparfaite du modèle établi par la culture centrale était désormais vu comme une réponse créative, et la déviation de la norme acquérait une connotation positive par sa transculturation opérée sur l'objet artistique. Ainsi l'élément historique, auparavant relégué au second plan, retrouvait une nouvelle vigueur, mettant en lumière l'importance de la relation entre les contextes de production et de réception de la littérature.

Ce changement au sein du comparatisme pratiqué plus récemment en Amérique latine, par lequel la production étrangère est désormais vue sur un pied d'égalité avec celle engendrée sur le continent, a été largement soutenue par la critique effectuée par les théoriciens du post-colonialisme, par l'idée de la construction d'une poétique universelle et par le mythe d'apolitisation du discours esthétique, fortement combattu par les adeptes des études culturelles. Dans le premier cas, il faut remarquer le sophisme d'un discours ahistorique et nettement ethnocentrique, importé sans aucun questionnement de l'univers du premier monde, et dans le second cas, un mythe sans base réelle, du fait de sa propre impossibilité à préciser toute tentative de définition de l'esthétique. Dans les deux cas, cependant, ce qu'on observe avec le plus d'évidence, c'est la teneur hégémonique de ces discours et le besoin de dévier le regard afin de pouvoir le porter sur les questions littéraires surgies en Amérique latine, à partir du contexte dans lequel se trouve le chercheur. Dans ce processus d'assumer son propre lieu d'énonciation, devenu la tendance dominante du comparatisme en Amérique latine, des questions comme celles mentionnées plus haut cèdent la place à d'autres qui viennent occuper le premier plan. C'est le cas des relations entre une tradition locale et une autre importée, avec ses diverses formes de transculturation, d'implications politiques de l'influence culturelle, du besoin de révision des canons littéraires et des critères de périodisation.

Dans cette nouvelle perspective, à laquelle j'adhère dans bon nombre de mes études, il faut remarquer l'importance que l'on donne maintenant à l'approche contrastive de la littérature des diverses nations, ou plutôt, des peuples qui composent l'ensemble désigné comme Amérique latine, ou des groupes de régions qui dépassent les frontières politiques entre nations, mais qui gardent de forts dénominateurs communs issus de facteurs d'ordre historico-culturel ou géographique. On note encore la nécessité d'inclure dans ces études les multiples registres qui existent sur le continent, parmi lesquels, celui qu'on nomme populaire, présent dans des formes comme le *corrido* mexicain ou la *literatura de cordel* brésilienne, et les langues indigènes encore vivantes, telles que le quechua, l'aymara et le guarani. La culture latino-américaine se caractérise par une forte hétérogénéité, et le comparatisme doit également englober l'étude des textes des cultures indigènes antérieures et postérieures à l'arrivée des Européens sur le continent et celles qui portent sur les interférences de ces cultures entre elles, ainsi que celles qui concernent des textes, écrits ou oraux, issus des communautés d'Afrodescendants et d'autres groupes de migrations plus récentes. Et dans toutes ces études, il faut garder un regard, jamais conçu à partir du dehors, mais issu, au contraire, du vécu de l'homme latino-américain. C'est cette nouvelle manière de voir qui est maintenant désignée par certains théoriciens du continent de la « géoculture latino-américaine », c'est-à-dire la conjonction nécessaire entre la réflexion, la culture et le sol du continent.

C'est dans cet esprit de recherche pour développer une réflexion cohérente et solide sur la production latino-américaine à partir de nos propres prémices que nous nous efforçons de reprendre le dialogue, encore un peu timide, entre le Brésil et les autres pays du continent, et que nous cherchons, grâce à des cours et des événements de toutes sortes, à ouvrir de plus en plus, dans le milieu académique qui est le nôtre, des espaces de recherche et de réflexion.

Eduardo F. COUTINHO
Université Fédérale de Rio de Janeiro

Traduction Janine Houard

Une abeille dans la ruche
des études comparatistes italiennes ———————

Prenant la parole pendant un débat lors d'une conférence sur l'histoire des idées, à la fin des années 1980, Jean Starobinski déclarait que « l'historien des idées est animé par une vocation comparatiste qu'il souhaite coupler avec la maîtrise complète d'une technique impeccable ». Tel est le fil rouge qui a guidé, de manière plus ou moins consciente, ma longue expérience dans les études comparatistes italiennes. C'est pourquoi je place sous le patronage de Jean Starobinski ces quelques pages qui sont d'abord un rappel du climat intellectuel italien, au milieu du siècle dernier, pour mieux situer ensuite la trajectoire qui a été la mienne et que je me hasarde à retracer brièvement.

Au vrai, l'histoire académique ne raconte pas toujours fidèlement l'histoire culturelle d'un intellectuel. Si l'on suit cette voie, je ne suis arrivé à la littérature comparée que vers la première moitié des années 1990, à l'issue d'une longue expérience philosophique que j'avais entamée, environ un quart de siècle auparavant, à l'Université de Palerme, pour suivre l'enseignement d'un philosophe, un des plus prestigieux du point de vue intellectuel, tout en étant un des plus critiqués du XXe siècle italien, Armando Plebe. Son enseignement s'inspirait en fait de deux principes de base : une *curiositas* laïque qui doit toujours être un guide dans la recherche du savoir, et *l'unité des savoirs*, d'inspiration aristotélicienne, ces deux principes nous permettant de naviguer dans le monde et dans la vie, sans préjugés éthiques et sans frontières idéologiques.

Remontons donc aux années 1960, riches en événements et lourdes de sens, au cours desquelles *La grande chaîne de l'être* d'Arthur O. Lovejoy arrivait en Italie en traduction, parmi de nombreuses nouveautés éditoriales et intellectuelles. Cette œuvre ouvrait la voie à une nouvelle vision transversale d'investigation herméneutique, dans la patrie même de Dante, pour donner une épaisseur à une tentation pluridisciplinaire, laquelle se tournait rapidement vers une interdisciplinarité qui faisait de la méthode comparatiste et, mieux encore, de l'analyse comparatiste des textes et des visions du monde, la matrice épistémologique du savoir.

Et précisément, en 1959, à l'aube de ce nouveau contexte culturel, Armando Plebe publia un livre qui, à l'époque, suscita un vif débat, *Processo all'estetica*. À travers ce texte, il brisait le schématisme, à forte empreinte philosophique, de l'analyse esthétique. Je le cite, ou le rappelle : « la réflexion philosophique sur l'art sert la philosophie, non pas l'art ; elle ne pourra jamais prescrire des règles pour l'art, ni nous aider à distinguer l'art du non-art. » Armando Plebe remettait ainsi en question, au début des années 1960, l'idée fondamentale, encore en vigueur à l'époque dans les écoles philosophiques italiennes, qui faisait de l'idéalisme l'élément central d'une approche philosophique en quête d'esthétique. Or, affirmait Plebe, il ne pouvait plus y avoir « *une* esthétique, mais plusieurs esthétiques empiriques... qui ne servent plus à la philosophie, mais qui émergent peu à peu sous la poussée de besoins contingents, de problèmes concrets, de questions que la pratique de l'art va poser au fil du temps. »

Sur un autre plan, et non sans paradoxe, enfermée dans la pensée philo-sophique de Benedetto Croce — dominante dans le *jardin* de la philosophie de l'idéalisme tardif de l'époque — la seule voix en accord avec Plebe était depuis quelques années Ugo Spirito, un épigone à contre-courant de l'idéa-lisme italien. Ce dernier publia en 1964 sa *Critica all'estetica*, une synthèse serrée de ses positions diverses. Celle-ci brisa le système même du schéma monolithique de l'idéalisme de Croce, pour ouvrir la voie à la pluralité des approches analytiques et esthétiques sur l'art et sur les autres formes de la créativité. Citons encore Plebe : « Une fois que la possibilité de répondre à la question de savoir ce qu'est l'art est niée, la question peut se poser, cette fois-ci légitimement, de savoir pourquoi l'art est fait. »

Peut-être convient-il d'élargir l'horizon théorique et historique de ce parcours de modernisation du débat philosophique qui, traversant les Alpes, commençait à atteindre le fief néo-idéaliste italien, lequel — partagé d'une certaine façon entre Croce et Gentile — avait confisqué le débat philosophique et intellectuel, depuis le début du XXe siècle en Italie. Les deux guerres mondiales qui avaient dominé ces décennies dramatiques avaient tragiquement pesé sur toutes les consciences européennes et en particulier sur celles de l'Europe occidentale, dont l'Italie a toujours été comme un fidèle prolongement. Les fortes impulsions existentialistes et phénoménologiques qui enflammèrent les héritiers de Heidegger, Sartre et Husserl, dans l'immédiat après-guerre, avaient depuis quelque temps ébranlé les philosophes italiens les plus attentifs. De même, la culture marxiste était entrée en crise, remise en cause à la fois par les analyses néo-illuministes de l'École naissante de Francfort, dirigée par Max Horkheimer et Theodor W. Adorno, et par la critique anti-hégélienne agressive du philosophe allemand naturalisé américain Herbert Marcuse, lequel attaqua frontalement l'éthique du consumérisme et l'oppression éthique et idéologique de la « pensée unique », enflammant dans le même temps, en 68, les universités européennes. Or, au cours de ces années-là, j'étais étudiant à la Faculté des lettres et philosophie de l'Université de Palerme et mon attention fut fortement attirée par le débat théorique et politique qui ne manqua pas de traverser les universités italiennes, y compris celle de Palerme.

La traduction en italien du *Cours de linguistique générale* de Ferdinand de Saussure par Tullio De Mauro en 1967 avait ouvert la voie, à son tour, à un débat philosophique intense entre linguistique, politique et société. Ce débat entra brutalement dans le désordre confus de ces années, à travers notamment le structuralisme de style français, et on a pu le suivre, depuis la philosophie et la psychanalyse jusqu'à l'anthropologie et la littérature, en passant par les théories et les analyses esthétiques, sans aucun souci à l'égard des visions historicistes, quelles qu'elles fussent, dans une poussée idéologique à la fois très forte mais souvent d'ordre simplement impulsif.

Si l'esthétique de ces années perdait ainsi son filtre philosophique, elle n'arrivait cependant pas à trouver clairement une nouvelle perspective unitaire. La recherche gnoséologique de la fonction de signe artistique, dans la dispersion des formes d'expression, perdait également de vue ce que le linguiste Hjelmslev aurait appelé le niveau des contenus. Après Croce, l'esthétique italienne fut un banc d'essai extrêmement éclectique et comme dispersé du débat philosophique, sans qu'aucune des différentes « écoles » parvienne à atteindre une primauté, idéologique ou pratique, sur d'autres qu'il convient de rappeler : l'esthétique sémantique de Galvano Della Volpe, Cesare Brandi ou Gillo Dorfles, l'esthétique sociologique de Carlo G. Argan ou d'Umberto Eco, l'esthétique de la communication de Luigi Chiarini, Guido Aristarco ou Elémire Zolla ou, finalement, l'esthétique de l'avant-garde du *Groupe '63* ou celle de Armando Plebe. C'était comme si l'art et la réflexion sur celui-ci avaient perdu toute boussole. Pour filer la métaphore, un exemple retentissant de cette sorte de naufrage fut le silence de mort qui tomba sur la célèbre Biennale de Venise en 1969. Elle resta « sans voix », c'est-à-dire qu'elle ne décerna aucun prix, sauf le *Leon d'Oro*, décerné au réalisateur espagnol Luis Buñuel pour sa carrière. On était entré dans le labyrinthe de l'art contemporain.

Après le *Processo all'estetica* en 1964, Armando Plebe consacra une attention fortement critique à la littérature. Dans son *Discours semi-sérieux sur le roman/Discorso semiserio sul romanzo*, il mit en évidence le risque de dérapage de la production littéraire militante, depuis les grilles du traditionalisme du XIXe siècle et du positivisme réaliste de l'après-guerre jusqu'aux sables mouvants de l'expérimentalisme comme une fin en soi. Il identifiait, par là même, son noyau génétique dans le *Groupe '63*, déjà cité. Parlons, en un premier temps, d'un cénacle « exclusif » d'écrivains, d'artistes, de musiciens et de critiques réunis à Palerme, dans le cadre enchanteur de l'Hôtel « La Zagarella », puis, dans un second temps, de représentants — désormais importants et en vogue — de la littérature, de l'art et de la culture, en Italie et à l'étranger (entre autres, Umberto Eco, Alberto Arbasino, Luigi Nono, Edoardo Sanguineti, Luciano Anceschi, Nanni Balestrini, Renato Barilli, Achille Bonito Oliva, Giorgio Manganelli...). Toutefois, le *Groupe '63* s'opposait à un mouvement « traditionaliste », pour exprimer le sentiment répandu à l'époque, tant parmi les critiques qu'auprès du public. Les représentants de ce mouvement furent étiquetés, par les membres du *Groupe '63*, comme des *Liale*, une claire référence aux romans-feuilletons d'une romancière, surnommée *Liala* par

Gabriele D'Annunzio et devenue une icône des petits romans d'amour de l'époque. Les *Liale* prirent la parole à travers des personnalités alors très prestigieuses, comme Giorgio Bassani, Enzo Siciliano, Carlo Cassola.

Dans ce contexte, la position « protestataire » d'Armando Plebe a eu un rôle et une signification particuliers. Plebe, malgré sa position critique vis-à-vis de tous les « *Liale* », considérait la position « avant-gardiste » du *Groupe 63* sinon comme proprement inefficace pour récupérer une position et une action de la part de l'homme de lettres, du moins comme l'expression d'une culture du « lobbying » qui pouvait peut-être bénéficier aux protagonistes de ce mouvement, mais certainement pas à la littérature ni au public lecteur en général. La synthèse de la position de Plebe était en fait contenue dans l'une de ses questions rhétoriques : « L'existence d'un homme de lettres a-t-elle encore un sens dans notre civilisation ? » Près de vingt ans plus tard, il reprenait, de manière provocante, la question « reconstructrice » de Sartre dans *Qu'est-ce que la littérature ?*, se plaçant plutôt — inconsciemment peut-être — dans le sillage des mouvements nihilistes du *non-art*, notamment dans le champ figuratif, donnant une visibilité théorique aux expressions d'*art conceptuel* de ces années-là ou du *street art* de notre temps.

La thèse que Plebe a voulu développer, dans une écriture plutôt souple et dégagée, et en même temps imprégnée d'une profonde culture littéraire, consistait en la mise en lumière, la démonstration que la dimension herméneutique de la fonction littéraire est centrale et enrichie par la fonction historiciste d'un patrimoine fondamentalement immatériel, mais indispensable au progrès de la conscience critique de l'âge contemporain. L'analyse « semi-sérieuse » de son discours voulait justement mettre en évidence la contradiction entre la vitalité de la tradition littéraire et la mutation constante du rapport entre créativité et réception qui caractérise le parcours de la production littéraire, diversifiée dans le temps.

Avec le recul du temps, je crois être en mesure d'affirmer que Plebe, avec ses thèses de « rupture », a offert une avancée considérable par rapport à la maturité critique de l'époque et contribué, presque inconsciemment, là encore, à l'ouverture d'un nouvel horizon pour la perspective comparatiste, par l'approche critique de la littérature de l'époque, mais surtout par une démarche qui apparaît à présent visionnaire. S'il est vrai que « l'intérêt pour l'histoire de la littérature — comme l'affirme Lovejoy — repose largement sur la référence à un mouvement d'idées », on peut soutenir que Plebe avait bel et bien indiqué — dans le procès fait à l'esthétique de Croce, dans sa critique serrée de la production littéraire contemporaine, fortement conditionnée, à son avis, par une vague influence des idéologies dominantes et des courants critiques émergeant en Europe, tels que le structuralisme et les néo-avant-gardes — une nouvelle voie, peut-être sans retour, dans les théories de l'art et de la littérature et dans le domaine de la critique artistique et littéraire. Cependant, comme chez tous les « visionnaires », Plebe ne tira jamais profit de ses intuitions lucides et même, dans les années qui suivirent la « contestation étudiante » de 68, il se perdit dans un labyrinthe académique et politique qui l'isola progressivement du militantisme culturel.

Pour ma part, cette atmosphère culturelle des années 60, je l'ai comme respirée quand je me suis rapproché de l'école « philosophique » d'Armando Plebe, ancrée dans la tradition classique des études philosophiques, mais en même temps ouverte à la modernité d'une approche critique et herméneutique, celle-là même qui était encore, à l'époque, en pleine phase de création et de vivacité critique. Dès le début, mon approche fut singulièrement orientée par une forte curiosité littéraire, imprégnée d'une méthodologie critique et esthétique. J'en veux pour preuve mon mémoire de fin d'études qui était en fait un travail expérimental, avec une structure comparative *ante litteram*, *La poetica del Futurismo filmico italiano*. Je précise : une étude esthétique et théorique de la seule expérience cinématographique du futurisme, *Vita futurista* de Filippo M. Marinetti, que je « mesurais », d'un point de vue technique, aux expériences cinématographiques du réalisateur et critique futuriste Anton Giulio Bragaglia, et, d'un point de vue théorique, à l'approche « révolutionnaire » et culturelle clamée, « criée », du Futurisme italien et à la culture « tamisée » du Futurisme russe, le tout cerné par les avant-gardes du début du XXe siècle.

Ma première expérience dans le monde académique fut mon affectation comme assistant à la chaire d'histoire de la philosophie dont mon maître était le titulaire. Toutefois, j'affirmais immédiatement mes intérêts scientifiques en me tournant vers le couple ou le binôme histoire de la pensée/analyse de textes. Je peux dire que mon parcours s'est toujours déroulé entre classicisme et contemporanéité, comme pour donner une existence effective à ce double registre dans des études qui ont privilégié, dans le même temps, la philologie classique et la pensée philosophique contemporaine, à travers l'histoire des idées comme paradigme et une certaine « mobilité qui franchit les frontières » pour reprendre les mots de Starobinski.

Je me rends compte que l'approche plurielle et systémique des questions qui ont marqué mon histoire intellectuelle a toujours placé, à l'horizon de mes recherches, la pluridisciplinarité associée à une approche thématique et critique. Et ce, depuis mes premiers cours universitaires, dès 1969, consacrés à *La punaise* de Vladimir Maïakovski, une pièce d'une force littéraire, dramaturgique et philosophique hors du commun, où les contradictions de la lutte des classes trouvent à s'exprimer dans un discours littéraire qui prend la vision théâtrale, dans toute sa force, pour se transformer en un message politique. Dans un langage politique imaginaire, *La punaise* devint la parabole d'une satire politique amère et brûlante contre le régime soviétique. Le suicide de Maïakovski en fut la dramatique synthèse. Quant à moi, je ne savais pas, lorsque je me plongeais dans l'étude critique des textes du grand poète russe et des avant-gardes russes et italiennes du premier XXe siècle, que ma première expérience comparatiste venait de commencer. Aujourd'hui, je considère cette « rencontre », autre mot cher à Starobinski, comme un prologue avant la lettre à ce que je devais par la suite écrire.

Ce furent aussi des années marquées par une expérience académique singulière et unique : l'*Institut d'Esthétique du Spectacle*, fondé par Plebe à l'Université de Palerme avec ses collègues de philosophie, littérature italienne, esthétique, cinéma et théâtre. Précurseur d'une pluridisciplinarité d'abord institutionnelle, qui ne s'épanouira réellement qu'une dizaine d'années plus tard, cet Institut fut aussi le lieu d'une vague d'innovations, et pour moi comme un apprentissage ou une propédeutique au « comparatisme », pendant quelques années qui virent se produire une foule d'activités scientifiques et académiques, conçues et développées en collaboration avec des personnalités telles le mime Jacques Lecoq et le réalisateur Roberto Rossellini.

J'ose citer, dans un même mouvement rétrospectif, Euripide, Ibsen et Bertolt Brecht, mais aussi Voltaire ou García Márquez, mais encore J. de Maistre ou G. della Volpe : ils ont marqué mes études et mes recherches, au long de ces années, et ils ont contribué, avec d'autres, à une formation esthétique et littéraire qui, par la suite, m'a toujours incité à cultiver deux axes parallèles de recherche : d'une part, la poétique et la rhétorique dans le monde antique et, d'autre part, un structuralisme lu et interprété comme étant le moyen de saisir et de comprendre, dans une optique sémantique et critique, la contemporanéité de notre fin de siècle.

Ma longue expérience scientifique dans le domaine de la recherche philosophique a toujours saisi et traité les thèmes et les contenus dans une approche méthodologique ancrée dans les textes et selon une perspective à la fois critique et herméneutique, pour privilégier l'analyse des sources de manière à la fois diachronique et synchronique, par rapport à un horizon que nous appellerons « téléologique ». Et la culture classique est restée, évidemment, à la base de mes travaux et de mes réflexions ; elle a été le fondement constant de mes préoccupations, quelle qu'ait pu être la nouveauté de certains centres d'intérêt. Aussi je me plais à rappeler, à côté d'études sur le « structuralisme », celles sur l'*Anonyme du Sublime*, sur la *Poétique* d'Aristote et sur la *Lettre VII* de Platon.

L'effacement progressif de la frontière disciplinaire entre esthétique et littérature comparée et le malaise dû à un cheminement de plus en plus « à rebours » de l'esthétique italienne, évoluant dans le sens d'une dimension philosophique exclusive et rigide, celle-là même dont je n'avais cessé de m'éloigner depuis le début de mon parcours scientifique et académique, m'ont encouragé à franchir un pas qui fut pour moi décisif. Après un bref coup de cœur pour l'esthétique numérique de Hofstadter, j'ai opté pour l'orientation comparatiste. Puis les études de littérature comparée, avec leurs espaces d'interdisciplinarité et les relations constantes entre le texte et l'herméneutique, entre une vision thématique et un parcours — une navigation — transdisciplinaire, m'ont permis, au plan académique comme au plan du savoir en général, d'abandonner la chaire d'esthétique où j'étais, après une dizaine d'années passées dans une chaire — la première — d'histoire de la philosophie, pour aboutir enfin à une chaire de Littérature Comparée et retrouver ainsi le fil — fil rouge — qui me ramenait à ma vision initiale de la culture et de son histoire. C'était au milieu des années 1990.

Par la suite, mon parcours s'est développé d'une manière continue, linéaire si je puis dire, du point de vue des intérêts et des activités scientifiques et académiques, toujours liés à la perspective comparatiste, et dans l'esprit tracé par Jean Starobinski qui veut que le comparatisme soit avant tout plus une vocation qu'une méthode. De fait, j'ai considéré comme une priorité de lancer une politique culturelle et universitaire d'autonomie, de mise en valeur autonome de la littérature comparée et de la critique littéraire par rapport aux lettres italiennes et au système académique et didactique des facultés universitaires italiennes. Et cette action a été menée pour donner une impulsion significative à la création de chaires universitaires spécifiques, dans leur intitulé, et développer une dynamique particulière qui puisse bénéficier à des activités scientifiques et éditoriales ainsi qu'aux universitaires eux-mêmes. Ces derniers, souvent « verrouillés » dans les universités italiennes par la politique expansionniste des « grandes » littératures nationales, n'arrivaient pas, à l'époque, à donner une identité académique claire et distincte à leur profil scientifique.

Je dois à la vérité de rappeler que j'ai trouvé une forte volonté partagée et une aide considérable, dans cette action de valorisation et de développement de la discipline, auprès de deux collègues qui étaient alors également impliqués dans le domaine disciplinaire de la littérature comparée, Remo Ceserani et Antonio Prete. Il vaut la peine de souligner que cette action d'encouragement et de développement remporta un bon succès et, en l'espace d'une décennie, le nombre des chaires de littérature comparée a dépassé la dizaine. De même, une coordination des politiques culturelles et académiques du secteur est devenue nécessaire et c'est ainsi qu'a été mis sur pied un *Conseil universitaire de critique littéraire et de littérature comparée* que j'ai eu l'honneur de présider.

Je reconnais volontiers qu'une intense activité éditoriale a caractérisé mon engagement scientifique tout au long de ma vie culturelle. La promotion d'importantes séries éditoriales dont beaucoup sont encore en activité a marqué les différentes phases de ma carrière et de mon expérience intellectuelle. Sur un plan personnel, la première série a été *Kronos* chez Marsilio Editore, dont les titres ont marqué une étape importante dans ma formation comparatiste. *Figure del Romanticismo* (1987) et *La traccia letteraria. Strutture e analisi del testo* (1988) ont été parmi les premiers titres à donner une visibilité ponctuelle à mes projets d'intérêt comparatiste. Dans les mêmes années, j'ai fondé et dirigé, avec le comparatiste romain Armando Gnisci, la « *Collana di letteratura comparata e storia delle idee* », *Aurora*. Une autre série a été *Saperi e scritture* aux éditions Epos qui fut inaugurée avec le volume *Il testo filosofico. Ermeneutica : teoria e pratica*. Plus récentes, même si désormais elles datent de vingt ans, les séries *Hermes, Collana di studi comparatisti e interculturali* aux éditions de Armando Editore, la série *Culture e territorio*, UTET Libreria, la série *Le parole e le cose*, Sellerio Editore, toutes également sous ma direction.

À travers ces séries et guidé par le paradigme foucaldien qui traverse les mots et les choses, j'ai également apporté en Italie, au fil des ans, de nombreux textes en traduction. Parallèlement, j'ai développé et publié des recherches personnelles sur des thèmes liés à la mode, à la ville, à l'imaginaire, à des questions qui ont trait à l'héritage artistique et culturel.

Les thèmes les plus chers à ma vision comparatiste dans ces derniers temps ont tous été liés à mes nombreuses expériences académiques et culturelles qui ont uni, et comme entrelacé — surtout au cours des dix dernières années — tradition et innovation, favorisant certaines initiatives ou prises de responsabilités nationales et internationales. C'est avec une grande joie et une grande fierté que j'ai été reçu, le 16 juin 2011, docteur *honoris causa* en philologie de l'Université de Salamanque et mon discours de réception, la *lectio magistralis*, portait sur « *Les cultures du 'Oui' dans le dialogue interculturel de la Méditerranée* ».

Dans le cadre des relations internationales, le soutien que j'ai pu offrir, en ma qualité de Président de la Commission italienne pour l'UNESCO, auprès de la Chaire UNESCO d'études culturelles et comparées sur l'imaginaire dirigée par Paolo Proietti, a été pour moi particulièrement important. Cette chaire a été en activité auprès de l'Université IULM de Milan, pendant une décennie, entre 2006 et 2016, et elle a développé une intense activité de recherche et de débat dans le cadre de séminaires, en particulier « comparatistes ».

Aujourd'hui, je poursuis mon activité scientifique et mon engagement académique à l'Université Kore d'Enna, en Sicile, où j'ai les responsabilités de Doyen et je maintiens mon rôle de Professeur émérite de Littératures Comparées auprès de l'Université IULM. À travers la direction et la collaboration à de nombreuses revues comparatistes (*Poli-femo, Testo a Fronte, Symbolon* entre autres), je m'efforce d'encourager et d'orienter de jeunes chercheurs sur la voie d'une *expérience* comparatiste, de plus en plus ouverte, celle que notre époque nous offre ou nous impose.

Une fois de plus, Starobinski m'aide à clôturer mes réflexions. La fortune des études comparatistes est la même que celle de l'histoire des idées qui, suivant le critique suisse, « se nourrit de l'absence d'une limite trop étroite que certains encore aujourd'hui pourraient être tentés de lui reprocher ». Juste une excuse pour terminer, ou plutôt une mise au point : si j'ai écrit sur moi-même, c'est seulement, simplement, comme « abeille ouvrière » d'une grande ruche d'idées qu'est aujourd'hui la littérature comparée en Italie.

Giovanni PUGLISI
Rome, le 1er mai 2021

Georges Le Gentil compagnon de route de la première heure du comparatisme ────────

« Molière et le *Fidalgo Aprendiz* »... Rares ont dû être, en 1921, parmi les lecteurs de la deuxième livraison de la *RLC* (2/1921, p. 264-284), ceux qui comprirent à qui ou à quoi Molière pouvait être associé. Nous ne chercherons pas à savoir, un siècle après, s'ils sont plus nombreux et mieux vaut répondre à des interrogations qui sont, jusqu'à un certain point, compréhensibles, tant il est vrai qu'il s'agit d'une comédie portugaise du XVII\u1d49 siècle. Son auteur — Francisco Manuel de Melo (1608-1666) — est sans doute le moins oublié d'une période qui n'est pas parmi les plus glorieuses de l'histoire du Portugal qui sort à peine de la domination espagnole de 1580 à 1640[1]. Il est, comme d'autres de ses contemporains, bilingue, ce qui en fait, en soi, un thème de recherches comparatistes. Mais sa pièce de théâtre — *l'Apprenti gentilhomme* — renvoie au domaine, riche et divers, des relations littéraires franco-portugaises.

Le titre — une fois traduit — laisse deviner la question sous-jacente à l'article signé Georges Le Gentil : quel type de rapport, ou de comparaison, peut-on établir entre la comédie portugaise et *Le Bourgeois Gentilhomme* de Molière. Si Le Gentil sait rendre passionnante la lecture qu'il fait des deux pièces, surtout de la portugaise, la réponse qu'il donne en conclusion est mesurée et nuancée, et le problème pourrait, cent ans après, être réexaminé. Mais, à l'occasion du centenaire de notre revue, c'est un autre dossier qu'il convient d'ouvrir en priorité : qui est ce collaborateur de la *RLC* de la première heure ?

Depuis 1919 il est « chargé de cours de langues portugaises et brésiliennes » (*sic*) à la Sorbonne[2]. Né le 3 décembre 1875, dans un bourg de Champagne,

---

1. Sur cette période, diversement appréciée, on consultera avec profit l'étude classique de Pilar Vásquez Cuesta, de l'Université de Salamanque, *La lengua y la cultura portuguesas en el siglo del Quijote*, Madrid, Espasa Calpe, 1986 ou sa version portugaise *A língua e a cultura portuguesas no tempo dos Filipes*, Publ. Europa-América, 1986.
2. Pour ces détails biobibliographiques, nous renvoyons à la très précieuse étude d'Albert Guigue, *La Faculté des Lettres de l'Université de Paris depuis sa fondation (17 mars 1808) jusqu'au 1\u1d49\u02b3 janvier 1935*, Paris, Félix Alcan, 1935, p. 347.

il est reçu à l'École Normale Supérieure en 1897, puis « boursier de voyage » en Espagne en 1901-1902. Ce séjour détermine la première partie de sa carrière, celle d'hispaniste : après divers postes qui le font passer de Tourcoing à Montauban, il soutient en 1909 ses deux thèses de doctorat consacrées à *Manuel Bretón de los Herreros et la société espagnole de 1830 à 1860* et aux *Revues littéraires de l'Espagne pendant la première moitié du XIXe siècle*, toutes deux éditées chez Hachette en 1909. Mobilisé en 1914, les hasards de la guerre vont précipiter sa vocation de lusitaniste[3]. En juillet 1916, le lieutenant Le Gentil part au Portugal qui est entré en guerre aux côtés de la France, « chargé d'une mission de recrutements d'ouvriers »[4]. Il y restera jusqu'en mars 1919. De même que Fernand Baldensperger, Paul Hazard ou Jean-Marie Carré, Georges Le Gentil fait partie de ces universitaires officiers, pleinement engagés, à des titres divers, pendant la Grande Guerre, dans le combat et l'action.

Quand on reprend la liste de ses publications, on s'aperçoit qu'il a été d'abord un collaborateur fidèle du *Bulletin hispanique* où nombre de ses recensions portent sur le domaine portugais. Il faut toutefois accorder une attention particulière au tout premier article qu'il donne à cette revue en 1899, d'inspiration clairement comparatiste, consacré à « Victor Hugo et l'Espagne »[5]. L'article est long, dense et bien documenté. Le Gentil part des fameuses *Études sur l'Espagne* d'Alfred Morel-Fatio, souvent sévère avec Hugo, mais il cite aussi un article récent de Gustave Lanson sur « Émile Deschamps et le *Romancero* »[6] ainsi que les *Études de littérature européenne* de Joseph Texte qui a imposé la littérature comparée à l'Université, en l'occurrence à Lyon. Il utilise habilement la monumentale *Historia de las ideas estéticas* de Marcelino Menéndez Pelayo, la lecture des *Misérables* faite par le romancier et critique Juan Valera, mais c'est à *Notre-Dame de Paris* qu'il réserve peut-être ses meilleures pages. S'il partage en grande partie les réserves de Morel-Fatio sur l'érudition hugolienne, « trop affichée pour être solide », il montre, de façon convaincante, que Hugo a su capter non seulement « l'esprit » mais « l'allure » du « romance »[7]. On appréciera son art de la formule : « Il [Hugo] transpose et transfigure plutôt qu'il n'imite. »[8]

C'est peut-être ce solide et brillant article qui lui vaut d'être, deux ans plus tard, le recenseur d'une des deux thèses que vient de soutenir en Sorbonne Ernest Martinenche, celle qui a une orientation nettement comparatiste : *La*

---

3. Nous tirons ici ces renseignements de la notice nécrologique que Marcel Bataillon a consacrée plus à un ami qu'à un collègue dans le *Bulletin Hispanique*, 1954, p. 5-13.
4. *Ibid.*, p. 6.
5. *Bulletin Hispanique*, 1899, n° 3, p. 149-195.
6. *Revue d'Histoire littéraire de la France*, 15-I-1899. Émile Deschamps fait l'objet d'un article dans le premier numéro de la *RLC*, signé H. Girard, portant sur son « cosmopolitisme », mais aussi sur son « dilettantisme ».
7. *Bulletin Hispanique* 1899, *op. cit.*, p. 156 et 162.
8. *Ibid.*, p. 193.

comédie espagnole en France de Hardy à Racine[9]. Le Gentil rend bien compte de l'originalité majeure de l'ouvrage : le conflit de l'amour et de l'honneur a tenté les meilleurs, tandis que les écrivains secondaires ont cultivé à plaisir les intrigues compliquées. Mais il n'hésite pas à s'interroger sur les choix des Français : pourquoi tant d'imitations de Rojas Zorrilla et aucune de Tirso de Molina ? Gêné peut-être au moment de conclure, il préfère évoquer le prochain travail que l'intéressé a promis sur Molière et le théâtre espagnol qui sortira en effet en 1906[10].

L'hispaniste qu'est Le Gentil, tourné, de par sa thèse, alors en préparation, vers l'Espagne du XIXe siècle, ne peut rester insensible, en ce début du XXe, à l'évolution des lettres espagnoles. Mais c'est d'abord dans la *Revue latine* qu'il livre ses premières contributions, sur le romancier à succès Vicente Blasco Ibáñez et sur le peintre et dramaturge Santiago Rusiñol. Il revient au *Bulletin hispanique* en donnant des sortes de chroniques, écrites avec élégance, sérieux et fermeté, qui en font un intermédiaire original entre deux cultures. Quelques pages sur l'*Ateneo* de Madrid sont l'occasion de présenter « une école de libre discussion et de recherche désintéressée », dont il dégage une double tendance de pensée : « tourner la science vers l'étude du passé national » et « appliquer à l'examen des questions actuelles la rigueur de la méthode scientifique »[11]. Un ouvrage récent du Portugais Leite de Vasconcelos lui permet de rappeler la figure de Wilhelm Storck (1829-1905), éminent spécialiste de Camoens[12].

L'année suivante, il signale l'hommage rendu au Portugal à l'écrivain romancier, historien Alexandre Herculano, une des grandes figures du mouvement romantique[13] ainsi que la mission, suivie d'un énorme rapport, d'Ernesto Quesada, envoyé par l'Université de La Plata (Argentine) dans les universités allemandes pour l'adoption de nouvelles méthodes. Il regrette que la France n'ait pas été visitée, mais en profite pour parler de la jeune littérature argentine, en particulier du roman historique d'Enrique Larreta, récemment traduit, *La gloire de don Ramiro*[14]. Il signalera l'année suivante un récit de voyage, *Viajando por España*, du Cubain francophile Emilio Bobadilla, alias Fray Candil, et donnera encore, avant 1914, trois comptes rendus élogieux d'Azorín qu'il compare à Anatole France ; il rappelle que l'auteur des *Lecturas españolas* plaide pour

---

9. *Bulletin Hispanique* 1901, p. 174-178. L'autre thèse, consacrée à la *Tragicomédie de Calixto et Mélibea* (*La Célestine*) de Fernando de Rojas, est rédigée en latin. Soutenance le 19/XII/1900 (A. Guigue, *op. cit.*, p. 119).
10. Il y aura un troisième volet, *L'Espagne et le romantisme français* (1922) dont rendra compte Le Gentil (*Bulletin Hispanique* 1924, 86-91). Les réserves sont légères : si l'objectif a été de dénoncer un certain « mépris » de part et d'autre des Pyrénées, il s'agit d'une « mise au point », non d'une « réhabilitation ». Mais l'ouvrage est « destiné par sa forme attrayante à une large diffusion »...
11. « L'*Ateneo* de Madrid », *Bulletin Hispanique* 1902, p. 265-268.
12. *Bulletin Hispanique* 1911, p. 376-378.
13. *Ibid.*, 1912, p. 105-106.
14. *Ibid.*, 1912, p. 323-326.

une critique « dynamique » et non « statique » qui est partie prenante dans une littérature « agissante »[15].

Le mouvement des idées — l'histoire des idées a été l'une des orientations de la littérature comparée pendant de longues décennies et le thème du premier congrès de la SFLC à Bordeaux en 1956 — attire à l'évidence Le Gentil. Il est significatif que, juste après la guerre, il ouvre, dans le *Bulletin Hispanique*, une rubrique, entre le compte rendu et la chronique, qu'il intitule « Le mouvement intellectuel en Portugal ». La première sort en 1920 et la dernière en 1952[16]. La première est consacrée en grande partie au critique et théoricien de la littérature Fidelino de Figueiredo ; la dernière à un panorama, vaste et détaillé, du roman portugais contemporain. Fidelino de Figueiredo, présenté comme « jeune encore », est situé par rapport à Gustave Lanson avec lequel il partage la conviction que l'élimination de l'élément personnel n'est « ni désirable ni souhaitable », mais aussi à Brunetière dans son souci de réduire la part du Moyen Âge, mais encore à Taine et à Bergson[17]. Le mouvement de critique historique qui a commencé au Portugal en 1912 est comparable, selon lui, à celui qui s'est organisé à Madrid en 1907 et « la France devrait, pour bien des raisons, être associée à cette renaissance de la solidarité intellectuelle hispano-portugaise »[18].

La guerre finie, les directeurs de la *RLC*, sans doute Paul Hazard, tourné vers le « Midi », tandis que Baldensperger est l'homme du Nord, demandent à Le Gentil un article en prévision des premières livraisons de la revue : dès le premier numéro ils annonçaient en effet qu'ils disposaient d'une trentaine d'articles pour les années à venir. C'est curieusement par l'intermédiaire du Brésil que Le Gentil choisit d'aborder les possibles relations entre *O Fidalgo Aprendiz* et Molière. Il entend reprendre la question qu'a soulevée un académicien brésilien, Afrânio Peixoto, dans un récent numéro de la revue *Atlantida*[19]. On appréciera la rigueur et la logique avec laquelle il traite un problème où se mêlent l'étude de « sources » et, plus largement, celle de l'« influence », deux maîtres-mots de la littérature comparée. Mieux : on lira cet article comme une illustration de la méthode « historique » et « scientifique » que Le Gentil a exposée avec Figueiredo et, évidemment, celle de Gustave Lanson qu'il partage pleinement[20].

---

15. *Ibid.*, 1913, p. 110-111, p. 491 ; 1914, p. 125.
16. La rubrique paraît en 1920, 1921, 1923, 1931, 1932 (consacrée au Brésil), 1933, 1936, 1939 (« en » Portugal est remplacé par « au »), 1930, 1944, 1952.
17. *Bulletin Hispanique*, 1920, p. 102 et 105.
18. *Ibid.*, p. 107.
19. Sur cette revue, on consultera l'article de Claudia Poncioni, « La revue *Atlantida* une utopie littéraire luso-brésilienne » dans C. Poncioni et José Manuel Esteves éd., *Au carrefour des littératures portugaise et brésilienne*, Paris, CREPAL, 2006, p. 375-394.
20. Sur la convergence du « lansonisme » et du comparatisme, on rappellera le mot de Baldensperger, dans son article nécrologique consacré à Gustave Lanson (*RLC* 1/1935, p. 163) : « Il était authentiquement des nôtres ».

Le Gentil part de trois questions simples autour de quelques notions-clés du comparatisme : 1/ Molière pouvait-il « *connaître* » [je souligne] Francisco de Melo au moment où il a composé son *Bourgeois Gentilhomme* ? 2/ existe-t-il des « *ressemblances frappantes* » entre les deux œuvres ? 3/ ces ressemblances proviennent-elles d'une « *rencontre* fortuite », de « *l'influence* » d'une ou de plusieurs « *sources communes* » ou d'une « *influence directe* » ? La première question est pour lui l'occasion de brosser un état des connaissances de la culture portugaise en France : d'où l'étude en priorité des traductions et, plus largement, celle de ce que nous nommerons la « présence » portugaise en France. Sur ce point, l'étude classique de R. Francisque-Michel, *Les Portugais en France et les Français au Portugal*, est bien sûr rappelée. Sur le cas précis que posent la vie et la carrière mouvementées de Francisco Manuel de Melo, avec des pans d'ombre qui demeurent encore, Le Gentil exploite, entre autres, la biographie établie par Edgar Prestage, dans sa version portugaise (Coimbre, 1914). Il part donc sur les traces de celui qui se fait appeler en France le Chevalier de Saint-Clément pour avancer une hypothèse qui peut avoir quelque « vraisemblance » : un « contact » de celui-ci avec Molière, direct ou indirect.

Abordant le second point de son étude, celui des « ressemblances », il livre simplement ce que sa lecture lui a permis d'établir : il n'y a, outre le titre, que trois scènes dont Molière aurait pu s'inspirer puisque la pièce de Melo a été composée vers 1646 et surtout qu'elle fait partie d'une édition en langue portugaise (*Obras métricas*) sortie à Lyon en 1665. Sans doute est-il tentant de mettre en parallèle ce don Gil Cogominho (on notera le « *don* »), dans son désir de s'élever dans la hiérarchie nobiliaire, et les prétentions de Monsieur Jourdain, riche bourgeois. C'est le moment que Le Gentil choisit pour rappeler les positions d'Afrânio Peixoto, tout en contestant, sur certains points, la simple lecture que celui-ci a faite de la pièce de Melo. La pièce portugaise est antérieure à la pièce française et le personnage portugais annonce le français, par des détails troublants, comme par exemple le fait, pour les deux personnages incultes, d'affirmer qu'ils ne veulent écrire ni en prose ni en vers. Les deux seront victimes d'une mystification, l'intermède turc pour le français et une tromperie plus sévère pour le portugais. Mais le ton des pièces est très différent et c'est par l'intermédiaire de Molière que *O Fidalgo Aprendiz* entre dans la littérature européenne.

Puisque l'imitation ou l'influence ne porte que sur trois scènes (celles du maître d'armes, du maître de danse et du maître appelé chez Molière « de philosophie »), Le Gentil donne la traduction *in extenso* de ces trois scènes qui occupe presqu'un tiers de l'article. Conclusion que l'on tire, en ayant en tête le texte français : on ne peut relever aucune « imitation littérale ». D'où la nécessité d'un réexamen sur de nouvelles bases, puisque la « simple coïncidence » ne saurait être une explication satisfaisante. L'idée d'une source commune, italienne ou espagnole, n'est pas invraisemblable, mais celle-ci resterait à trouver. Le Gentil préfère alors reprendre la lecture de la comédie de Melo dans son véritable contexte : le comique de la pièce est largement tributaire d'une « tradition nationale » et c'est vers le père fondateur du théâtre portugais, lui aussi bilingue, qu'il veut se tourner : Gil Vicente. Si l'on veut chercher une « influence directe », il existe entre Molière et Gil Vicente « plus d'un point de contact ». Il donne deux exemples : dans la *Farsa dos Físicos*, chaque « physicien » veut imposer sa doctrine, l'un d'eux invoque les « humeurs peccantes », et l'on parle un latin macaronique qui n'est pas sans rappeler *Le Malade imaginaire* ; dans la *Farce des Muletiers*, une scène paraît être le modèle ou le prototype de celle entre dom Juan et Monsieur Dimanche.

Revenant en conclusion à la question posée par Afrânio Peixoto, Le Gentil concède que *Le Bourgeois gentilhomme* peut dériver d'une « source » portugaise, et l'on peut considérer comme possible que Molière ait eu connaissance de l'édition de 1665, mais cette « influence » est « indirecte » et réduite, puisqu'elle ne s'étend pas au-delà des trois scènes mentionnées. Retenons, quant à nous, ces deux moments où Le Gentil opère un *déplacement*, moins littéraire que culturel, de son thème d'étude, l'un portant sur le rappel de la tradition nationale comique, l'autre sur une possible influence directe, par-delà les siècles, entre Molière et Gil Vicente, comme si, par un jeu de lectures croisées, Gil Vicente était relu *à partir de* Molière et celui-ci *à partir de* Gil Vicente. Il m'apparaît que ce type de lecture, mais aussi ce mode de pensée que j'ai définis par le mot « déplacement » — ce pourrait être aussi le mot « détour »[21], le détour par l'exemple donné par la littérature portugaise — caractérisent le linguiste, le spécialiste d'une langue étrangère, passé au comparatisme, placé désormais entre la connaissance de cette langue et de cette culture et le dialogue intertextuel, la mise en évidence de convergences interculturelles qu'il est amené à prendre en compte.

Toujours en 1921, mais dans le *Bulletin Hispanique*[22], à la faveur de publications sous le patronage de l'Académie des sciences de Lisbonne commentées dans sa rubrique « Le mouvement intellectuel en Portugal », Le Gentil retrouve Molière et sa présence au Portugal, avec Jerónimo Ribeiro, auteur d'un autre *Auto do Físico* où figure une satire de la médecine qui renvoie au *Médecin malgré lui*, à l'*Amour Médecin* et au *Malade Imaginaire*, « un comique un peu gros qui *annonce* [je souligne] les plaisanteries de Molière sur les apothicaires ». Il en vient à proposer une première liste des traductions de Molière, pour en arriver au « cas » António Feliciano de Castilho qui, à partir de 1869, avec *Le Médecin malgré lui/O Médico à força*, se met à traduire très librement le répertoire

---

21. J'ai plaidé naguère pour cette notion-clé du comparatisme qui a trouvé son illustration dans un bel ouvrage de François Jullien, *Le détour et l'accès. Stratégie du sens en Chine, en Grèce* (Biblio/Poche, 1995). Voir notre « Littérature comparée et comparaisons », *RLC* 3/1998, p. 304. On peut oser aussi le mot, utilisé en astronomie, « parallaxe », soit « *déplacement* de la position apparente d'un corps, dû à un *changement* de position de l'observateur » [je souligne]. Édouard Glissant (*Le Discours antillais*, Folio/Essais Gallimard, 1997, p. 48) n'hésite pas à définir le « détour » qu'il va opérer en ces termes : « Le Détour est la parallaxe de cette recherche. »

22. *Bulletin Hispanique*, 1921, p. 49-51.

moliéresque, en suivant un processus de « nationalisation » qu'il appliquera aussi au *Faust* de Goethe et qui trouvera de chauds partisans. Mais Le Gentil ne manque pas d'avancer le cas de Ducis « traducteur » de Shakespeare selon les canons du théâtre classique ou néo-classique.

La rencontre avec Afrânio Peixoto va se prolonger l'année suivante. En 1922, Le Gentil publie, dans la *Revue de l'Amérique latine* qui vient d'être créée et dont le directeur est Ernest Martinenche, un article sur le « cinquantenaire de Castro Alves », le grand poète romantique brésilien, admirateur de Hugo, mort en 1871, et l'édition de ses *Œuvres complètes* préfacée par Peixoto, sortie à l'occasion en 1921. Peixoto publie également en 1922 une étude sur *Castro Alves o poeta e o poema* (Paris, Lisbonne, Aillaud & Bertrand). Le Gentil donnera par ailleurs un compte rendu dans le *Bulletin Hispanique* en 1928 sur l'ouvrage que Peixoto vient de publier sur *Camões e o Brasil*[23].

Quelques années plus tard, quand Le Gentil publie sa très utile *Littérature portugaise* (A. Colin, 1935) qui intègre — nouveauté notable — une annexe sur la littérature brésilienne, il a soin de mentionner, parmi les travaux utilisés, ceux d'Afrânio Peixoto. Au chapitre consacré au XVIIe siècle, relativement plus bref que celui réservé à la « Renaissance », il accorde une place de choix à Francisco Manuel de Melo et à son *Fidalgo Aprendiz*[24]. Il fait porter l'essentiel de ses commentaires sur les rapports possibles avec Molière et surtout sur les différences : chez Melo, il ne s'agit pas d'un « bourgeois riche », mais d'un « écuyer pauvre qui arrive de sa province. » Il signale bien sûr les « trois scènes » qui annonceraient le *Bourgeois Gentilhomme*. Mais il relève que la pièce portugaise qui commençait « en comédie de caractère » se termine « en farce ». En conclusion, il déclare que « l'hypothèse d'une influence de Melo sur Molière ne doit pas être écartée *a priori.* »

Un des intérêts majeurs de cette histoire de la littérature portugaise est, comme Le Gentil l'annonce dans un bref Avant-propos, de « rattacher les auteurs aux grands courants européens. »[25] Cette volonté se traduit aussi par des sortes d'analogies proposées au public français : António Ferreira, auteur d'une célèbre *Inès de Castro*, est situé en comparaison avec les débuts de la tragédie en France (Jodelle, Montchrestien) ; on retrouve chez le Padre Vieira des réminiscences bibliques « comme chez Bossuet » ; *Le Goupillon/O Hissope* de Cruz e Silva appelle un parallèle avec le *Lutrin* de Boileau ; telle poésie d'Almeida Garrett « rappelle » Musset, Herculano est parfois à « rapprocher » plus de Mérimée que de Hugo, mais son *Monge de Cister* ou *Eurico*, posant le problème du célibat des prêtres, sont à rapprocher, sur ce point, du *Jocelyn*

---

23. *Ibid.*, 1928, p. 335-338.
24. *La littérature portugaise*, Paris, A. Colin, 1935, p. 90 pour toutes les citations. Au chapitre sur Gil Vicente, il signale la *Farce des physiciens* dans laquelle « on rit, avant Molière, du latin macaronique et la théorie des humeurs » (p. 41).
25. Le Gentil a donné deux années plus tôt un article sur « La contribution des Portugais à la littérature européenne » à la revue *Le Flambeau*, Bruxelles, 1933, p. 277-303.

de Lamartine ; Camilo « avait l'étoffe d'un Balzac portugais », la poésie de Guerra Junqueiro « sent l'emprise de Hugo » ; enfin, faire un parallélisme entre « l'intégralisme » et l'Action française serait « inexact »[26]... Plus surprenante est la précision apportée en conclusion à la poésie symboliste d'Eugénio de Castro : « L'historien des littératures comparées n'oubliera pas que c'est par l'intermédiaire de son traducteur italien, Vittorino Pica, que le symbolisme a gagné l'Amérique espagnole. »[27] L'admiration qu'a témoignée Rubén Darío à l'illustre maître du vers libre, dans *Los Raros*, semblait se passer d'intermédiaire.

Pour rapides qu'elles soient, ces quelques pages auront précisé — souhaitons-le — les contours de l'image du « compagnon de route » du comparatisme qui a été employée[28] et la position faussement ancillaire qu'elle pourrait supposer. Reconnaissons que très tôt (la *RLC* de 1921 en est la preuve évidente, mais aussi émouvante), le « comparatisme » a eu besoin d'une main-d'œuvre étrangère qualifiée.

En complément à la notice nécrologique de Georges Le Gentil, rédigée par Marcel Bataillon, maître de l'hispanisme, ou mieux ibérisme, et du comparatisme, il est fait état de huit articles relevant de la littérature comparée[29]. Nous en dénombrons, en incluant quelques comptes rendus substantiels, une quinzaine, la majeure partie après l'année 1921. Le nombre compte assurément pour éviter de parler d'un concours occasionnel. Mais, plus profondément, c'est un état d'esprit qu'il faut invoquer, une *forma mentis*, pour lui comme pour d'autres, linguistes, spécialistes de littératures étrangères — songeons à l'ami de Baldensperger, le germaniste Henri Tronchon — voire pour quelques « francisants ». Redisons donc que ce n'est pas la « spécialité » (telle langue étrangère) qui s'opposerait à la littérature comparée : c'est l'esprit de spécialisation. Assurément cet esprit était étranger à Le Gentil.

On a pu rappeler, à juste titre, son rôle déterminant, pionnier, dans l'implantation des études portugaises et plus encore brésiliennes dans l'université

26. *La littérature portugaise, op. cit.*, p. 50, 97,116, 135, 137, 146, 162, 169.
27. *Ibid.*, p. 167.
28. Sur cette expression, voir notre « Enquêtes et réflexions sur les premiers compagnons de route du comparatisme » dans Pascal Dethurens et Olivier-Henri Bonnerot coord., *Fin d'un Millénaire. Rayonnement de la littérature comparée*, Presses universitaires de Strasbourg, 2000, p. 19-26 et « Sur quelques 'compagnons de route' », *Itinéraires comparatistes*, Paris, J. Maisonneuve éd., 2014, t. I (« Hommages, rencontres »), chap. XII, p. 155-166.
29. Voir *supra* note 3, *Bulletin Hispanique* 1954, p. 5-13. Donnons quelques exemples : « L'influence parnassienne au Brésil », *RLC* 1931 ; « Nicolas de Grouchy traducteur de Castanheda », *Bulletin des études portugaises*, 1937, « Filinto Elysio traducteur de Chateaubriand », *RLC* 1938 (numéro spécial sur le Portugal), « Les chemins de Gil Vicente dans les moralités, soties et farces françaises », *Hommage à Ernest Martinenche*, Paris, ed. D'Arthrey, 1939, « La *Cananeia* de Gil Vicente et les mystères français », *Bulletin Hispanique*, 1948.

française[30]. Je retiendrai, pour conclure, prises dans le texte de Marcel Bataillon qui vient d'être cité, quelques touches au portrait intellectuel de l'ami disparu. Et d'abord, l'admiration portée à Lanson, puis la thèse complémentaire sur les *Revues littéraires dans l'Espagne de la première moitié du XIX* *siècle*, « très vite recherchée comme un instrument de travail indispensable ». Elle peut être comparée, à mes yeux, à celle (thèse complémentaire également) de Paul Van Tieghem, consacrée à *l'Année littéraire*, deux exemples d'une parfaite érudition au service de l'étude des échanges culturels et du processus de médiation, autre notion-clé d'un certain comparatisme.

Enfin, ce simple témoignage qui justifie l'intérêt accordé, au-delà du temps qui passe, à la figure et à l'œuvre de Georges Le Gentil : « Il fut résolument comparatiste, quand on ne parlait pas encore beaucoup de littérature comparée. »

Daniel-Henri PAGEAUX

---

30. On trouvera quelques informations supplémentaires dans l'intervention de Jacqueline Penjon : « L'attrait du Brésil » dans les Actes du colloque organisé par le CREPAL (23-24/I/2004), *Lisbonne atelier du lusitanisme français* (J. Penjon et P. Rivas coord.), Presses Sorbonne Nouvelle, 2005, p. 113-122. Voir le c.r. que nous avons donné de cet ouvrage dans « Iberica V » (*RLC* 2/2008, p. 225-226).

Slavko Ježić entre Vienne et Paris
Un marquis Croate qui traduisait de l'italien et du français.
Un George Dandin qui parle slovène

Slavko Ježić (né en 1895 à Dubrava en Croatie) a publié son premier poème à l'âge de quatorze ans et était encore lycéen quand il traduisait déjà la poésie romantique croate en espéranto. En 1912, après avoir obtenu son baccalauréat, alors qu'il était âgé d'à peine dix-sept ans, il partit pour Vienne. Comme l'Université de Zagreb existait alors depuis trente ans déjà, il n'y avait à la Faculté des lettres de Vienne que neuf Croates parmi les presque 1300 étudiants inscrits. Ježić choisit d'y suivre des études slaves et romanes. En effet, l'Université de Zagreb ne proposait pas de cursus de langues romanes, domaine dans lequel l'Université de Vienne excellait. Il s'inscrivit à de nombreux cours dispensés par Philippe Auguste Becker (1862-1947), un Alsacien ayant fait ses études à Paris auprès de Gaston Paris et Ferdinand de Saussure. L'excellent connaisseur de la littérature française et de la versification lui enseigna la littérature française du Moyen Âge, la poésie romantique française, la littérature italienne après Dante et la littérature espagnole[1]. Ce fut Wolfgang Wurzbach (1879-1957), spécialiste du roman français, qui lui enseigna la littérature française plus moderne. Parmi les professeurs les plus illustres, il convient de mentionner le romaniste suisse Wilhelm Meyer-Lübke (1861-1936), neveu de l'écrivain Conrad Ferdinand Meyer et auteur d'un dictionnaire étymologique roman, qui lui enseigna la morphologie française et le latin de la fin du Moyen Âge. Mais c'est chez Elise Richter (1865-1943), première femme habilitée « maître

1. AUW (Archiv der Universität Wien). Ježić, Slavko. Nationale, WS 1912/13, SS 1913, WS 1913/14, SS 1914, WS 1914/15, SS 1915, WS 1915/16, SS 1916. Je remercie Thomas Maisel, directeur des archives universitaires de Vienne, ainsi que Johannes Seidl, qui, en pleine pandémie, m'ont aimablement fait parvenir la documentation nécessaire à cette recherche. Tous mes remerciements également à l'universitaire et académicien Mislav Ježić et à Kristina Judaš du Département des manuscrits de la bibliothèque nationale et universitaire de Zagreb. La présente recherche a été réalisée dans le cadre de l'équipe de recherche n° P6-0265 intitulée « Études littéraires interculturelles » et financée par ARRS.

de conférences privé » à l'Université de Vienne, que Ježić se familiarisa avec l'histoire des langues romanes, l'ancien français et l'*Yvain* de Chrétien de Troyes. Plus tard, cette importante romaniste, directrice de l'Institut de phonétique, sera envoyée par les nazis dans le camp de concentration de Terezin (Theresienstadt) où elle mourra. Pendant un semestre, Ježić suivit les cours de grammaire historique italienne dispensés par Carlo Battisti (1882-1977), membre de la minorité italienne du Tyrol du sud, dialectologue et future tête d'affiche du film *Umberto D.* de Vittorio De Sica. Bien que la matière principale du programme universitaire fût la grammaire historique et comparée, les étudiants fréquentaient aussi des « proséminaires » et des travaux dirigés auprès des lecteurs italien, français et espagnol, ce qui leur permettait de parfaire leur maîtrise des langues romanes contemporaines. Le lecteur Marc Gratacap enseigna également à Ježić le roman français contemporain.

Tout aussi réputées étaient les études de slavistique, fondées à l'Université de Vienne en 1848 par Franc Miklošič (1813-1891). Quand son successeur, Vatroslav Jagić, prit sa retraite en 1908, son poste de professeur fut repris par deux slavistes, le Croate Milan Rešetar (1860-1942) et le Tchèque Václav Vondrák (1859-1925)[2]. Rešetar, qui couvrait le domaine des langues et littératures slaves du sud, enseigna à Ježić l'histoire des littératures en serbocroate des XVIIe, XVIIIe et XIXe siècles, la phonétique comparée des langues slaves, la syntaxe serbocroate et la dialectologie. Vondrák, professeur habilité pour les langues et les littératures slaves « du nord » (orientales) et pour le vieux slave d'église, futur premier président de l'Université de Brno, enseigna à Ježić surtout la paléographie slave. Le spécialiste des Balkans tchèque Konstantin Jireček (1854-1918), ancien membre du gouvernement bulgare, directeur du Séminaire d'histoire est-européenne, lui enseigna l'histoire de la République de Raguse (Dubrovnik), l'histoire médiévale de la Dalmatie et de Byzance, les chroniques médiévales slaves du sud et grecques et les légendes ayant trait aux apôtres des Slaves. Il est intéressant de noter qu'il n'a suivi qu'une seule matière à l'Institut des études germaniques, les cours magistraux d'Alexander Weil von Weilen consacrés à l'histoire du théâtre allemand, et une autre à l'Institut d'histoire de l'art, plus précisément l'histoire de la peinture flamande du XVIIe siècle.

Le jeune homme en fin de parcours universitaire était manifestement pressé : immédiatement après la fin du huitième semestre, à l'été 1916, il remit sa thèse de doctorat intitulée *Die literarische Tätigkeit Fran Krsto Frankopans* [L'œuvre littéraire de Fran Krsto Frankopan], approuvée dès la fin juin par Rešetar et Vondrák. Ce sujet l'avait occupé pendant au moins deux ans, comme en témoignent les quelques courts articles publiés avant l'élaboration de la thèse en elle-même. Le règlement de l'époque stipulait que le doctorant devait ensuite passer un examen oral (« rigorosum ») de deux heures sur un sujet de

---

2. Rudolf Jagoditsch : Die Slavistik an der Universität Wien (1849-1963). *Studien zur Geschichte der Universität Wien III* (Graz. Köln : Böhlau, 1965), p. 28-54.

son domaine (la philologie slave) et un autre d'une heure sur la philosophie. Les trois slavistes le gratifièrent d'un « ausgezeichnet » (excellent), ce qui signifie qu'il passa son « rigorosum » avec « einstimmig mit Auszeichnug » (avec les félicitations unanimes du jury). Le 19 juillet 1916, Adolf Menzel, le président de l'université de Vienne de l'époque, promut Ježić, alors âgé d'à peine 21 ans, docteur en philosophie[3].

Frankopan était alors connu avant tout en tant que personnalité politique du XVIIe siècle. Comme les États se référaient à la Bulle d'or du roi André II accordée au XIIIe siècle, l'empereur autrichien ne pouvait exercer un pouvoir absolu sur la Hongrie et la Croatie. Ces territoires étaient alors menacés tant par les Turcs que par l'armée autrichienne qui les pillait au lieu de les protéger comme elle était censée le faire. La noblesse croate et hongroise était très mécontente de la victoire des forces chrétiennes en 1664, année où l'empereur Léopold Ier — au grand étonnement de tous — avait décidé de ne pas poursuivre la guerre contre les Turcs, mais au contraire de conclure la paix avec eux, Petar Zrinski (en latin *Zrinius*, en hongrois *Zrínyi*), le ban de Croatie, ourdit un complot et entama des négociations infructueuses avec la cour de Louis XIV, le doge de Venise et même le grand vizir turc. Les conjurés étaient prêts à reconnaître la suprématie ottomane si cela pouvait permettre de préserver la constitution hongroise[4]. Zrinski demanda à son beau-frère Frankopan (en latin *Frangepanus*, en hongrois *Frangepán*) de traduire en italien une lettre destinée au roi de Pologne, l'entraînant ainsi dans le complot. Dans une autre lettre qui augmentera considérablement les charges contre lui, Frankopan écrivit que les bonnets croates s'uniraient bientôt aux turbans. Comme la révolte, connue dans l'historiographie française sous le nom de « conjuration des trois comtes », avait échoué du fait que ni les alliés occidentaux ni les Turcs n'acceptèrent d'aider les conjurés, Zrinski et Frankopan se précipitèrent à la cour de Vienne en avril 1670 pour demander grâce à l'empereur. C'est alors qu'ils furent arrêtés et incarcérés à Wiener Neustadt, où ils furent condamnés à être décapités, ce qui fut une épreuve particulièrement douloureuse, car le bourreau était ivre. Sur leur épitaphe, où sont représentés deux crânes sur une épée, il est écrit que le 30 avril 1671, à neuf heures, leurs ambitions se sont achevées dans leur tombeau. S'ensuit la mise en garde suivante : « Discite mortales et casu discite nostro observare fidem regibus atque deo. »[5] À Vienne, le même jour, fut également exécuté le troisième conjuré, Ferenc Nádasdy. Immédiatement après l'exécution, Ivan Podesta prit possession du legs des condamnés qui ne fut retrouvé que deux siècles plus tard, dans les archives nationales de Vienne.

3. AUW. Rigorosenprotokoll. PN 4246 (Ježić, Slavko).
4. Cf. Bryan Cartledge : *The will to survive. A History of Hungary* (London : Hurst, 2011), p. 110-111. László Kontler : *Millennium in Central Europe. A History of Hungary* (Budapest, Atlantisz Publishing House, 1999), p. 178.
5. Gerhard Geissl : *Denkmäler in Wiener Neustadt. Orte des Erinnerns* (Berndorf : Kral. Verlag, 2013), p. 58, 113, 190-191.

Quelques années à peine avant Ježić, Umberto de Bin soutint à l'Université de Vienne sa thèse de doctorat sur la littérature italienne à la cour de Vienne au XVIIe siècle. Il y établit qu'il y avait alors quelques académies italiennes. Dans la première, fondée sous les auspices de l'empereur Ferdinand III et de son frère, l'archiduc et poète Leopold Wilhelm[6], les membres les plus distingués (la famille impériale ainsi que les comtes Francesco Piccolomini et Raimondo Montecuccoli) déclamaient des poèmes ou écoutaient des discours dont les titres étaient, entre autres, « Se la bellezza dell'anima a quella del corpo prevaglia? », « Se la gelosia sia fomento o condimento in amore? »[7]. En raison de la mort de l'empereur en 1657, la première académie ne connut que quelques mois d'activité; une seconde, destinée uniquement aux dames de la cour, vit malgré tout le jour peu de temps après, fondée par la veuve du défunt empereur, l'impératrice Éléonore de Gonzague. Cette dernière était également la protectrice de l'*Accademia degli Illustrati*, active dans les années 1660 et 1670[8].

Dans le legs de Frankopan, Ježić, qui pouvait s'appuyer sur les recherches antérieures consacrées aux académies italiennes, découvrit des copies manuscrites de ces discours et du recueil de poèmes *Diporti*, publié par Leopold Wilhelm sous le nom de plume de Crescente. Ježić présupposait que Frankopan, marié à Giulia di Naro, parente du cardinal Barberini, et bon connaisseur de la langue italienne, avait collecté ces documents dans le but de fonder lui-même une académie littéraire analogue. Or, il avait manifestement de plus grandes ambitions, car on trouve également dans son legs certains de ses poèmes (supposés originaux) en italien et plus de cent poèmes en croate, dont quelques traductions ou adaptations tirées du recueil *Diporti* déjà mentionné. Bien que son directeur de thèse Rešetar fût d'avis que Frankopan était aussi mauvais poète que mauvais comploteur[9], Ježić souligne qu'il était un poète intéressant du fait qu'il lui fallait justifier le choix de sa langue, le croate, comme langue de sa création poétique.

Quand, dans sa thèse, Ježić aborde la question de la traduction de Molière en slovène par Frankopan, il se réfère principalement à l'étude du romaniste croate Tomo Matić[10], qui avait soutenu à l'Université de Vienne en 1895 une thèse de doctorat intitulée *L'Avare de Molière et ses devanciers* sous la direction de Meyer-Lübke[11]. Matić présupposait que le noble croate avait probablement lu la comédie *George Dandin*, publiée pour la première fois en 1669, dès son séjour à Vienne entre avril et septembre 1670, pendant lequel il fut mieux traité

---

6. Umberto de Bin : Leopoldo I imperatore e sua corte nella letteratura italiana. *Bollettino del circolo accademico italiano di Vienna* 28 (Trieste: Caprin, 1910), p. 48.
7. *Ibid.*
8. *Ibid.*, p. 49-55.
9. AUW. Rigorosenakt. PN 4246 (Ježić, Slavko). Rapport de Rešetar.
10. Tomo Matić : Ein Bruchstück von Molières George Dandin in der Übersetzung F. K. Frankopans. *Archiv für slawische Philologie* 29 (1907), p. 529-549.
11. AUW. Rigorosenakt. PN 947. (Matić, Tomo).

qu'en prison plusieurs mois plus tard[12]. Bien que Frankopan n'eût traduit que les trois premières scènes du premier acte ainsi qu'une partie de la quatrième, on considère ce texte, qui a vu le jour du vivant du dramaturge français et deux ans tout au plus après la parution de l'original, comme la plus ancienne traduction de Molière en slovène. Dans tous les cas, il s'agit du premier essai de traduction de cet auteur dans le monde slave[13]. Il convient de souligner que le traducteur s'est fondé sur l'original français et non sur la traduction allemande anonyme *Georg Dandin oder der verwirrete Ehemann* (1670)[14]. Il est intéressant que Frankopan ait choisi le slovène pour traduire la comédie de Molière, accordant de facto à cette dernière la primauté chronologique dans l'histoire du théâtre slovène. Le slovène lui était proche depuis sa jeunesse du fait que son père, Vuk Krsto Frankopan, possédait une propriété à Brežice, en Styrie[15]. Contrairement au premier traducteur allemand, Frankopan a ainsi localisé et déplacé la pièce en Styrie. George Dandin devient Jarne, Lubin, le valet de Clitandre, devient Bodimoder [littéralement : sois prudent], les beaux-parents, M. et Mme de Sottenville, se voient dotés d'un patronyme allemand, Hozenbosser. Lublin précise même venir des environs de Višnja Gora, en Basse-Carniole. Sa phrase « on le veut tromper tout doucement » est amplifiée chez Frankopan par un jeu de mots. En effet, Budimoder annonce que Jarne ira à Rogatec. Or, si ce nom est bien celui d'un bourg de Styrie, c'est aussi un substantif désignant « celui qui porte des cornes », le cocu, le mari trompé[16]. Les historiens de la littérature ont commencé très tôt à se demander pourquoi Frankopan a choisi le slovène. Matić soutient la thèse selon laquelle le traducteur aurait donné le rôle du mari cocufié à un slovénophone, par contraste avec celui du séducteur, attribué à un noble qui, selon toute vraisemblance, parlait croate. Chez Frankopan, « le seigneur de notre pays » est « žlahtan gospud z horvackega ursaga » [un gentilhomme noble du pays croate]. L'utilisation de différentes langues était une pratique courante dans les comédies de Dubrovnik du XVIe siècle ; on la retrouve, entre autres, chez Marin Držić où le personnage du cocu parle le dialecte de la ville de Kotor[17].

Tout de suite après son doctorat, Ježić passa également — comme tous les futurs enseignants — son examen d'aptitude professionnelle pour ses deux filières d'études. En Autriche-Hongrie, les candidats devaient, une fois leurs études achevées, écrire un mémoire et passer devant un jury un examen tant écrit qu'oral dans la matière qu'ils souhaitaient enseigner. Comme Ježić avait déjà soutenu son doctorat, il fut juste dispensé d'écrire le mémoire sur la littérature croate. En revanche, il dut passer les deux examens. Pour ce qui est de la littérature française, Becker lui imposa comme sujet de mémoire « Voltaire als Historiker » [Voltaire historien]. Ježić publiera par la suite ce

12. T. Matić, *op. cit.*, p. 543.
13. *Ibid.*, p. 536.
14. *Ibid.*, p. 538.
15. *Ibid.*, p. 539.
16. *Ibid.*, p. 544.
17. *Ibid.*, p. 541.

travail dans la revue *Suvremenik*. Lors de l'examen écrit, on lui demanda de traiter le sujet « Voltaire, poète épique » et, après un examen oral où on lui posa des questions sur Rabelais, Molière, les encyclopédistes, Chénier, Verlaine et la grammaire française, le jury reconnut qu'il maîtrisait correctement le français et il fut ainsi titularisé comme professeur de serbocroate et de français dans les écoles où la langue d'enseignement était le serbocroate[18]. Bientôt, il devint professeur de français au IIe lycée de Zagreb. Il travaillait également comme sténographe au *sabor* croate quand ce dernier proclama l'interruption des relations étatiques de la Croatie avec l'Autriche-Hongrie.

En 1921, pour célébrer le deux-cent cinquantième anniversaire de l'exécution de Zrinski et Frankopan et leur inhumation récente dans la cathédrale de Zagreb, Ježić publie auprès de la Matica Hrvatska l'adaptation croate de sa thèse soutenue à Vienne. Dans la préface à cet ouvrage, il écrit avoir conservé le même déroulement et la même approche relevant de l'histoire de la littérature afin de ne pas être contraint de sacrifier certaines données[19].

La même année, il est le premier étudiant croate à obtenir une bourse d'études à Paris après la Grande Guerre. C'est dans la capitale française qu'il suivit une formation pour les professeurs de français étrangers. Dans son *curriculum vitae* envoyée au romaniste slovène Anton Debeljak, lui-même boursier du gouvernement français à la même époque, il ne parle que très peu de son année passée à Paris. Il mentionne juste avoir assuré à Paris plusieurs cours sur la littérature croate et met en avant sa contribution publiée dans la *RLC*[20]. Tout à la fin de la première année de la revue, dans la rubrique « Notes et documents » où sont publiées des lettres inédites de Jean-Jacques Rousseau et Alphonse Daudet ainsi que deux articles sur les sources littéraires de Balzac et Heine, paraît un court article de Ježić en trois parties intitulé « Académies italiennes à Vienne. Une traduction slovène de *George Dandin* ». Ježić y résume pour la revue française deux chapitres de sa thèse consacrés aux retranscriptions des discours italiens par Frankopan déjà mentionnées. On peut y lire également dix lignes ayant trait à la traduction de *George Dandin* réalisée par ce dernier en « dialecte slovène »[21]. Il s'agit probablement de la version écrite de sa conférence parisienne sur Frankopan. Les documents conservés ne permettent malheureusement pas de déterminer avec quels professeurs Ježić a été en contact en 1921.

Après son retour de Paris, il écrivit un roman et fut l'un des membres fondateurs du PEN-club croate. En 1928, il publia son ouvrage principal, une

18. AUW. Lehramtsprüfungsprotokoll (Ježić, Slavko).
19. S. Ježić : Život in rad Frana Krste Frankopana (Zagreb, Matica hrvatska, 1921), p. 5.
20. S. Ježić : lettre à Anton Debeljak, non datée, 1933. Département des manuscrits de la Bibliothèque nationale et universitaire de Ljubljana. Rz NUK 1190. Cf. A. Debeljak : Dr. Slavko Ježić. Življenje in svet 7 (1933), p. 627.
21. S. Ježić : Académies italiennes à Vienne. Une traduction slovène de George Dandin. *Revue de littérature comparée* 1 (1921), p. 621.

monographie de quatre cents pages intitulée *Francuska književnost do kraja klasičnog doba (842-1715)* [La littérature française jusqu'à la fin de l'époque classique (842-1715)]. Dans l'introduction, il affirme que ni les Croates, ni les Serbes ni les Slovènes n'ont jamais eu un ouvrage de cette envergure[22]. Son objectif était d'écrire pour les professeurs et les étudiants ayant besoin de données fiables. Cependant, il souligne aussi avoir cherché à retracer le contexte et l'environnement culturels dans lesquels les écrivains avaient vécu et créé leurs œuvres. En effet, selon lui, il est impossible de comprendre les phénomènes littéraires sans une approche génético-évolutive de ce type[23]. Ainsi, Ježić étudia avec une très grande précision l'avènement de l'humanisme et de la Renaissance en se référant à Jakob Burckhardt. Le chapitre relatif au théâtre classique s'ouvre sur la description des familles et des acteurs de théâtre ; il n'aborde les principaux dramaturges qu'une fois ce contexte clairement établi. Dans sa bibliographie très fournie, il mentionne tant les travaux de ses professeurs de Vienne (Becker, Wurzbach) que les manuels français les plus récents à son époque, comme l'*Histoire de la littérature française illustrée* publiée sous la direction de Joseph Bédier et Paul Hazard. Il recommande aussi *La littérature, création, succès, durée* (1913) de Fernand Baldensperger.

Quand, le 6 janvier 1929, le roi Alexandre Ier dissout le parlement et proclama la dictature, Ježić est muté en province, dans la ville d'Osijek, mais, deux ans plus tard, il retrouva son poste au lycée de Zagreb. En 1938, il fut nommé inspecteur des lycées, puis, une saison durant, régisseur du Théâtre national[24]. Après la proclamation de l'État indépendant de Croatie en 1941, il devint conseiller au Ministère de l'Éducation. Pendant la guerre, il publia ses traductions de quelques pièces de Molière (*Tartuffe*, *Le Misanthrope*, *L'École des femmes*, *Sganarelle ou le cocu imaginaire*). En 1943, il fut nommé professeur titulaire de littérature française à la Faculté des lettres de Zagreb. Un an plus tard, il publia son ouvrage monumental (400 pages de grand format) intitulé *Hrvatska književnost od početka do danas (1100-1941)* [La littérature croate des débuts jusqu'à nos jours (1100-1941)]. Bien que le livre ait paru dans la capitale de l'État indépendant de Croatie, Ježić n'hésita pas à écrire en des termes élogieux sur la poésie de Vladimir Nazor, qui était alors l'un des « partisans » menés par Tito et le président du Conseil antifasciste de libération nationale de la Croatie. Il présenta également avec beaucoup d'objectivité l'œuvre de l'antifasciste Avgust Cesarec et du partisan Ivan Goran Kovačić, tous deux morts sous les balles des oustachis ou des tchetniks. De même, il accorda

---

22. C'est ce que souligne également le romaniste A. Debeljak dans sa critique de l'ouvrage de Ježić. Cf. *Jutro* 9/260 (4.11.1928), p. 8.
23. S. Ježić : Predgovor [Préface]. *Francuska književnost do kraja klasičnog doba (842-1715)*. (Zagreb, Merkantile, 1928), p. VII-VIII.
24. Mislav Ježić : Slavko Ježić, znalac francuske i hrvatske književnosti. *Slavko Ježić, grand connaisseur des philologies romane et slave, homme de lettres, traducteur, directeur du théâtre national, professeur d'université* (Zagreb, FF-press, 2013), p. 103-104.

une très grande attention aussi bien à Miroslav Krleža, nettement orienté à gauche, qu'au ministre oustachi et écrivain Mile Budak[25].

En 1945, les autorités communistes détruisirent tous les exemplaires de l'ouvrage, annulèrent son habilitation au titre de professeur titulaire et le mutèrent à l'École normale de Split où il a dû prendre sa retraite de façon anticipée en 1953. Bien qu'il lui fût impossible d'exercer comme professeur, il put continuer à publier des éditions critiques des écrivains croates. Juste avant sa mort en 1969, il obtint (avec l'accord de Miroslav Krleža) une pension d'État le récompensant pour son activité artistique[26].

Bien que, au tournant des XIXe et XXe siècles, les spécialistes viennois des langues slaves eussent conscience de l'importance que revêtaient les recherches en littérature comparée, la grammaire comparée restait le centre de leurs préoccupations. Ježić qui, dans sa thèse, traitait de la réception des littératures romanes par Frankopan, s'orienta vers les études françaises et croates après son retour de Paris. Bien qu'ayant été le premier chercheur à publier un article sur l'histoire de la littérature croate et de la traduction slovène dans la *Revue de littérature comparée*, les véritables représentants de l'école comparatiste française dans le Royaume de Yougoslavie furent le Croate Ivo Hergešić, qui, en 1929, avait suivi les cours de Fernand Baldensperger, et le Slovène Anton Ocvirk, qui étudia deux ans après auprès de Paul Van Tieghem et Paul Hazard. Notons que Hergešić et Ocvirk, qui participèrent au numéro de la *Revue de littérature comparée* de 1934 consacré à l'Europe centrale, écrivirent également le deuxième ouvrage théorique consacré à la littérature comparée (*Poredbena ili komparativna književnost*, 1932) et le troisième (*Teorija primerjalne literarne zgodovine*, 1936). Ils contribuèrent aussi à la reconnaissance de ce domaine au sein des facultés des lettres de Ljubljana et de Zagreb.

Tone SMOLEJ
Faculté des lettres de l'Université de Ljubljana

25. Stipe Botica : Rječ urednika [Préface de l'éditeur]. *Znanstveni i književni rad Slavka Ježića* (Zagreb, Hrvatski studiji Sveučilišta u Zagrebu, 1997), p. 6.
26. M. Ježić : *op. cit.*, p. 104-105.

À propos d'une poésie révolutionnaire de Th. C. Pfeffel

Dans le troisième numéro de 1921 de la *Revue de littérature comparée* fondée par Fernand Baldensperger, qui fut professeur de littératures comparées à Strasbourg de 1919 à 1923, à la rubrique « Notes et documents », une notice de 7 pages, rédigée par Marie-Joseph Bopp, à propos du poète Théophile-Conrad Pfeffel, est intéressante à plusieurs égards[1].

Le dénominateur commun aux trois acteurs qui ont rendu possible cette notice est l'Alsace : si Fernand Baldensperger est aujourd'hui bien connu des comparatistes français, rappelons que Marie-Joseph Bopp, né à Sélestat en 1893, mort à Colmar en 1972, fut un enseignant et historien français, spécialiste de l'histoire de l'Alsace et du protestantisme en Alsace. Il devait écrire, après la Seconde Guerre mondiale, un ouvrage qui rencontra un certain succès, *Ma ville* — il s'agit de Colmar — *à l'heure nazie*. Quant au poète que Bopp convoque, Théophile-Conrad Pfeffel, né en 1736, il mourut à Colmar en 1809. Surnommé le « La Fontaine alsacien », devenu aveugle dans sa jeunesse, il fonda l'école militaire de Colmar en 1773.

Nul doute qu'aux origines des « littératures comparées », l'Alsace ait joué un rôle primordial, à la fois par son appartenance à une double identité culturelle, héritière des Lumières françaises comme de celles de l'Aufklärung allemand, et par sa double nationalité linguistique, la langue française et allemande. Pour fêter la Révolution française, « ce grand mouvement qui amenait la chute du système féodal », les poètes français et les poètes de langue allemande « rivalisaient d'inspiration »[2]. Les poètes allemands se servent de leur langue pour diffuser, à Strasbourg, leurs idées, des Alsaciens faisaient usage de l'allemand « pour chanter le nouvel idéal français ». Le plus grand d'entre eux fut, pour Marie-Joseph Bopp, Théophile Conrad Pfeffel, l'auteur

---

1. *Revue de littérature comparée*, vol. 3, p. 439-445.
2. *Ibid.*, p. 439.

de la notice le qualifiant d'« apôtre littéraire de la Révolution »[3]. Pfeffel, par le biais de fables, répandait ses idées d'émancipation politique et religieuse, ce qui, on s'en doute, ne lui valut pas que des amis. Il est intéressant pour nous d'apprendre que le nom « Alsace » viendrait de la rivière qui entoure la vieille ville de Strasbourg, se jetant plus loin dans le Rhin, et qui aurait pour nom ancien « Alsa », aujourd'hui dénommée « Ill ». Nous l'apprenons dans un poème cité par Bopp, *Alsa, ein patriotisches Lied*, écrit en 1790, en l'honneur de la fête de la Fédération[4]. Ce fut l'occasion de célébrer la réconciliation de la religion catholique et de la religion protestante. Pfeffel écrivit aussi, en allemand, traduit, en prose, par son ami Louis Ramond de Carbonnières — personnalité d'origine alsacienne, né à Strasbourg, qui fut en 1791 élu député de Paris à l'Assemblée législative — un chant patriotique s'intitulant « Alsa », que Marie-Joseph Bopp cite dans son intégralité[5].

Ce chant patriotique vantant « l'amour de l'Alsace et de la France libres »[6] connut un certain retentissement en France, puisque le poète Marie-Joseph Chénier le transcrivit, cette fois-ci en vers, en 1791, sous son titre d'origine : « Alsa ». Il fut souligné que ce poème semblait annoncer par son lyrisme enthousiasmant mis au service de la liberté et de l'orgueil de nos campagnes, cet autre chant qu'est *la Marseillaise*. Ne s'en est-il pas fallu de peu pour que ce chant, « Alsa », ne devienne notre hymne national, qui serait né dans le creuset d'une littérature européenne aux idées universelles — Baldensperger, Pfeffel, Bopp, Ramond étant tous, à l'instar de Goethe, francs-maçons — grâce à « un poète alsacien, qui, excellent Français, écrit en allemand ; son ami, lui aussi Alsacien, mais qui écrit en français ; et un poète français qui peut être considéré comme représentant de la France littéraire pendant la Révolution »[7] ?

Yves-Michel ERGAL
Université de Strasbourg.

---

3. *Ibid.*, p. 440.
4. *Ibid.*, p. 441.
5. *Ibid.*, p. 444.
6. *Ibid.*, p. 445.
7. *Ibid.*

Premières « Influences orientales » dans la *Revue de littérature comparée* (1921-1925)

Dès le premier numéro, et régulièrement par la suite, la *Revue de Littérature Comparée* intègre à ses rubriques « Bibliographie » une section « Influences orientales » qui occupe systématiquement la dernière position. Placées à la suite des ouvrages généraux, et après les différentes « influences » européennes, ces « influences orientales » constituent, avec les références américaines, les seules ressources extra-européennes proposées à l'attention des lecteurs. Ces sections contiennent des articles et des ouvrages consacrés à la réception des littératures et des cultures « orientales », au sens le plus large de ce terme, du Proche-Orient des textes bibliques ou musulmans jusqu'à l'Est extrême de la Chine — plus tardivement du Japon[1] —, en passant par l'Inde. En 1921, elles laissent indirectement apparaître deux sujets spécialement marquants : le premier, au sud, regarde la question des sources arabes de la *Divine comédie* de Dante, dont on célèbre alors le six centième anniversaire de la mort, le second au nord porte sur les influences asiatiques — en particulier boudd-histes, mais pas seulement — dans la pensée et la littérature allemandes. Au sud, l'article en langue italienne d'Ernesto Giacomo Parodi (1862-1923) cité dans le premier numéro[2] renvoie à la publication en 1919 de l'ouvrage du père Miguel Asín Palacios (1871-1944), *La Escatologia musulmana en la Divinia Comedia*[3], dont Paul Van Tieghem (1871-1948) donnera un compte rendu en 1922, saluant « l'une des tentatives les plus hardies et les plus fécondes pour ouvrir des horizons nouveaux à l'histoire littéraire de l'Europe »[4]. Miguel Asín

---

1. La question du japonisme n'apparaît qu'en 1923, *in RLC*, vol. 3, 1923, p. 476.
2. Ernesto Giacomo Parodi, « Fonti arabe della *Divina Commedia*? », *Il Marzocco*, 2 mai 1920, cité *in RLC*, vol. 1, 1921, p. 169. La même section renvoie aussi à un article du poète et essayiste André Bellessort (1866-1942) sur le même sujet : « Pour le sixième centenaire de Dante : Dante et Mahomet », *Revue des Deux Mondes*, 1er avril 1920, *id.*
3. Miguel Asín Palacios, *La Escatologia musulmana en la Divina Comedia*, Madrid, imprenta de Estanislas Mestre, 1919, 403 p.
4. Paul Van Tieghem, compte rendu critique, *in RLC*, vol. 2, 1922, p. 326, suivi d'un complément de Maurice Gaudefroy-Demombynes (1862-1957), professeur d'arabe à l'Institut des Langues orientales de Paris.

Palacios, qui s'était heurté aux critiques, simplement dubitatives ou parfois virulentes, des spécialistes italiens de Dante, reviendra lui-même en français sur ses travaux et les polémiques qu'ils avaient suscitées, dans pas moins de cinq contributions publiées tout au long de l'année 1924[5]. Ce sont aussi des tensions qui animent la question des influences de l'Orient, cette fois au nord, lorsque la *Revue de Littérature Comparée* mentionne l'article d'Ernst Robert Curtius (1886-1956) sur « Les influences asiatiques dans la vie intellectuelle allemande[6] », dans lequel le philologue constate l'orientation déjà ancienne des curiosités intellectuelles de l'Allemagne en direction de l'Asie, jusqu'au rôle récent d'Hermann von Keyserling (1880-1946) dont le *Journal de voyage d'un philosophe (Reisetagebuch eines Philosophen)* venait d'être publié. Il met en garde contre ce qu'il considère comme le « signal de l'abdication prochaine de l'esprit occidental[7] », provoquant par la suite la réaction de plusieurs intellectuels français, parmi lesquels André Gide, qui plaide dans la *NRF* en novembre 1921 contre l'isolement intellectuel de l'Allemagne, vu comme un risque pour l'unité culturelle de l'Europe[8]. Les discussions — ou les disputes — sur la crédibilité ou les conséquences des « influences orientales » en Europe se découvrent ainsi d'abord indirectement, par les échos qu'elles provoquent dans les bibliographies. Les articles eux-mêmes restent principalement centrés sur les rapports littéraires intra-européens, ou font place aux souvenirs de l'orientalisme romantique et parnassien du siècle précédent, en minimisant toutefois sa portée. Henri Tronchon (1877-1941), dans « Herder et Lamartine », revient sur le voyage du poète français pour remarquer que, même dans son *Voyage en Orient,* « c'était à l'Europe qu'allait sa méditation[9] », quand les « poèmes musulmans » de Leconte de Lisle sont considérés par Pierre Martino (1880-1953) certes comme de « beaux vers », mais élaborés, à l'instar selon lui de toutes les œuvres orientalistes des Parnassiens, sur des « trouvailles d'amateurs passionnés » faites « quelquefois dans des boutiques douteuses d'antiquaires[10] ».

Une première référence orientaliste apparaît néanmoins, assez brièvement, dès le texte d'ouverture de Fernand Baldensperger, « Littérature comparée : Le mot et la chose », lorsqu'il s'agit d'illustrer par des exemples la première des deux « directions maîtresses » qui avaient sollicité la discipline, celle

5. Miguel Asín Palacios, « L'influence musulmane dans la *Divine Comédie* : histoire et critique d'une polémique », *RLC,* vol. 4, 1924 : Avant-propos, p. 169 ; I. Histoire de la polémique, p. 176 ; II. Critique de la polémique, p. 369 ; III. Réponses à quelques objections sur des points concrets, p. 537 ; IV. Additions et corrections sur quelques points concrets, p. 545.
6. *Revue de Genève,* décembre 1920, cité *in RLC,* vol. 1, 1921, p. 311. Sur le même sujet, la même année, la *RLC* suggère aussi la lecture de P. Slepcevic, « Buddhismus in der deutschen Literatur », p. 311 ; M. Muret, « La pensée allemande et l'Orient », p. 611.
7. *Id.,* p. 895.
8. Voir Jean-Pierre Meylan, *La Revue de Genève, miroir des lettres européennes 1920-1930,* Genève, Droz, 1969, p. 133.
9. Henri Tronchon, « Herder et Lamartine », *RLC,* vol. 1, 1921, p. 546.
10. Pierre Martino, « Sur deux poèmes musulmans de Leconte de Lisle », *in RLC,* vol. 1, 1921, p. 618.

qui « s'efforçait de ramener à des éléments simples, traditionnels, les divers *thèmes* sur lesquels vivent les littératures[11] » en se fondant sur les apports de l'anthropologie, de la mythographie, mais aussi de l'indianisme. Fernand Baldensperger cite alors *La Matrone d'Éphèse*, considérée par hypothèse comme « la transformation, assez narquoise, d'une histoire relatée par la propagande morale des prédicateurs bouddhistes[12] ». Il fait ainsi allusion à la question complexe et disputée des origines de ce texte, qui avait animé plusieurs publications au XIXᵉ siècle, à partir des travaux[13] de l'indianiste Auguste-Louis-Armand Loiseleur-Deslongchamps (1805-1840), plus tard réfutés par Joseph Bédier[14] (1864-1938), élève de Gaston Paris (1839-1903) que Fernand Baldensperger cite comme le principal représentant de la direction maîtresse qu'il envisage ici. Anatole France en avait même donné en 1891 une nouvelle version en français, *La Matrone du Pays de Soung*[15], à partir cette fois de la traduction de la version chinoise[16] jadis éditée par Jean-Pierre Abel-Rémusat. Dans la suite, Fernand Baldensperger, face à cette recherche érudite des sources, donne sa préférence à une conception de la littérature comparée qui « entend tout simplement rester attentive à des faits dont l'importance n'a pas manqué de s'accroître en un temps de relations incessantes et faciles sur le globe », et qui « sait tenir à peu près la place [...] que joue, en économie politique ou en histoire, l'étude des relations avec le dehors, des entreprises ou des pressions d'outre-frontière, des aventures et des fatalités extérieures par quoi les groupes humains enchevêtrent et compliquent leur activité.[17] » C'est bien ce point de vue, global, qu'il choisit d'adopter dès le premier numéro de l'année suivante.

Sous le titre « Où l'Orient et l'Occident s'affrontent[18] », Fernand Baldensperger choisit en effet, en 1922, d'envisager la question des influences de l'Orient, à la façon non pas d'une simple vogue, mais d'une tendance de fond dont il relève les signes en Europe, à travers toute une série de faits, et surtout de personnalités dont les œuvres sont liées à l'Orient, qu'il cite explicitement ou implicitement dans son introduction. En France, il renvoie aux romanciers Pierre Loti et Claude Farrère, mais aussi aux plus célèbres orientalistes du

11. Fernand Baldensperger, « Littérature comparée : Le mot et la chose », *in RLC*, vol. 1, 1921, p. 19-20.
12. *Id.*, p. 20.
13. Auguste-Louis-Armand Loiseleur-Deslongchamps, *Essai sur les fables indiennes et leur introduction en Europe,* Paris, Techener, 1838.
14. Joseph Bédier, *Les Fabliaux. Études de littérature populaire et d'histoire littéraire du Moyen Âge,* Paris, Bouillon, 1893.
15. Anatole France, *La Matrone du Pays de Soung, in La Vie littéraire*, III, Paris, Calmann-Lévy, 1891, p. 86 et suiv.
16. Jean-Pierre Abel-Rémusat (éd.), *Contes chinois*, t. III, Paris, Moutardier, 1827, p. 143 et suiv.
17. Fernand Baldensperger, « Littérature comparée : Le mot et la chose », *RLC*, vol. 1, 1921, p. 28.
18. Fernand Baldensperger, « Où l'Orient et l'Occident s'affrontent », *RLC*, vol. 2, 1922, p. 5 et suiv.

XIXᵉ siècle, Eugène Burnouf (1801-1852), Jean-Pierre Abel-Rémusat (1788-1832) et Édouard Chavannes (1865-1918), ou au naturaliste explorateur de l'Inde Victor Jacquemont (1801-1832). En Allemagne, au traducteur d'Omar Khayyam, l'orientaliste Friedrich Rosen (1856-1935), alors ministre des Affaires étrangères, dont la personnalité lui semble emblématique de la tendance des lettres allemandes qui « affectent de chercher leurs modèles de pensée et d'imagination dans les livres de l'Asie[19] ». En Grande-Bretagne, où les « librairies qui avoisinent le British Museum sont plus que jamais, à l'heure actuelle, de véritables dépôts de littérature asiatique[20] », à l'écrivain et poète Rabindranath Tagore (1861-1941) qui y fut d'abord publié, avant de recevoir le Prix Nobel de Littérature — le premier décerné à un auteur oriental — en 1913. Mais cette tendance de fond se confirme selon Fernand Baldensperger sur la planète entière, aux États-Unis, désormais inclinés vers le Pacifique (même si c'est d'abord pour des raisons commerciales), comme en Russie, où Maxime Gorki « a franchement invoqué la mentalité asiatique » en créant la collection *La Littérature mondiale*. Dans le sillage de l'Allemagne « ré-orientée[21] », ce sont finalement toutes les littératures qui sont montrées par le comparatiste tournées vers l'Orient.

Ce qu'il appelle alors « un nouvel orientalisme » (la formule était déjà celle d'E. R. Curtius) n'est pas considéré sans suspicion. L'utilisation répétée d'un terme ambigu, « prestige », révèle toute son inquiétude face à un « certain engourdissement, je ne sais quelle passivité » qui caractériseraient de son point de vue les auteurs attirés par l'Orient et qui le prennent pour source d'inspiration ou pour modèle. Les « mille prestiges asiatiques[22] », aussi appelés « séductions orientales[23] », dont il est question sont en fait considérés très largement, et l'« Orient » prend dans cet article les allures très générales et mêlées qui le dessinaient au XIXᵉ siècle, puisqu'il s'agit aussi bien de la poésie arabe ou persane que des littératures, des religions et des mouvements de pensée de l'Inde, de la Chine et du Japon — d'abord du bouddhisme, mais aussi du taoïsme. Le comparatiste brosse ensuite un panorama synthétique de l'histoire littéraire des rapports entre Orient et Occident, des Croisades jusqu'au XIXᵉ siècle (dans la première section), puis envisage « aujourd'hui », ce qu'il appelle « la séduction de l'esprit oriental » dans les lettres. Les pensées de l'Orient lui semblent en premier lieu, dans la section II, fondées sur la remise en cause de la « personnalité » et de l'« individualité », par opposition à l'esprit occidental qui hausse « au plus haut degré la conscience du moi[24] ». Les poésies d'Omar Khayyam et de Rabindranath Tagore, comme le taoïsme chinois, sont présentés comme le « phénoménisme d'une vie émotionnelle indifférente aux déterminations de la personnalité[25] »,

19. *Ibid.*, p. 6.
20. *Ibid.*, p. 7.
21. *Ibid.*, p. 8.
22. *Ibid.*, p. 5.
23. *Ibid.*, p. 8.
24. *Ibid.*, p. 13.
25. *Ibid.*, p. 17.

et même la forme sociale de l'individu — jusqu'à son nom propre — n'apparaît plus qu'à la façon d'une « fâcheuse barrière », ainsi que le montre un poème de *L'Offrande lyrique* (*Song Offerings*) de Rabindranath Tagore, réécrit en vers par Fernand Baldensperger lui-même pour sa citation[26]. À cet « affaissement de la notion de personnalité », qui caractériserait l'esprit oriental en portant atteinte à la possibilité de l'existence du « héros », dans une « doctrine de l'inaction » touchant y compris le texte littéraire, s'ajoute dans la section suivante, toujours sous la même influence, une remise en cause de l'« héroïsme intellectuel » de la connaissance, c'est-à-dire de l'héritage grec de l'intellection logique, de l'expérimentation, du « besoin de certitude » et de « vérité[27] ». Car Fernand Baldensperger veut considérer les littératures occidentales comme fondées sur des « critères de vérité » — allant jusqu'au roman expérimental ou au théâtre « vériste » — et en parfaite opposition avec « l'esprit asiatique[28] ». Les tendances qu'il perçoit en Occident et en Orient dans les poétiques littéraires et artistiques sont montrées « quasi opposées » dans la section IV : à la maîtrise de la composition occidentale fait face une esthétique du désordre par « la répétition, la juxtaposition, le morcellement, la succession sans hiérarchie[29] ». C'est pourquoi l'adhésion du lecteur ou du spectateur occidental aux littératures et aux arts asiatiques — le dessin et la musique sont aussi évoqués — lui semble spécialement difficile.

Cette présentation comparée, tout en antagonisme, ressemblerait à un réquisitoire complètement hostile à l'« Orient » si elle n'était pas finalement nuancée de façon décisive dans les dernières pages et la conclusion, qui aboutissent malgré ces développements à des considérations beaucoup plus mesurées. La création orientale, en dépit ou à cause de son refus de la hiérarchisation et de la composition logique, est en effet alors évaluée comme une « forme ayant sa dignité propre, possédant même, sur l'organisation occidentale, cet avantage de transmettre plus directement l'influx même de la vie.[30] » Le contact avec la culture orientale peut donc, reconnaît Fernand Baldensperger, constituer un enrichissement essentiel et permettre aux littératures de l'Europe de tirer de cette rencontre

> un sentiment plus vif de ce qui est momentané et simplement animé, un quant-à-soi moins tendu et une moindre désinvolture intellectuelle, moins de sécheresse logique et de complaisance oratoire et une bigarrure plus chatoyante de l'esprit : tout ce qui mérite de résulter normalement d'une perception plus complète du monde, d'une vision moins resserrée de la multiplicité réelle du genre humain.

---

26. *Ibid.*, p. 14. Il s'agit du poème 29 du recueil retraduit en français par André Gide dès 1913-1914 à partir de la traduction anglaise de *Gitanjali* (*Song Offerings*) (1912). Voir Rabindranath Tagore, *L'Offrande lyrique*, Paris, Gallimard, coll. « Folio Poésie », 1963, p. 57.
27. *Ibid.*, p. 18.
28. *Ibid.*, p. 21.
29. *Ibid.*, p. 22.
30. *Ibid.*, p. 24.

Ces nombreux apports lui offrent même, au XXᵉ siècle, des atouts pour lutter « contre l'automatisme menaçant de la vie contemporaine[31] », à la condition, affirme toutefois avec insistance le comparatiste pour finir, qu'il s'agisse bien d'un enrichissement, et non d'un dévoiement ou d'une forme d'abandon de ses qualités et de son identité propres.

Dans le sillage de cette contribution, les sources orientales et extrême-orientales sont toujours assez bien représentées dans les « Bibliographies » de la *Revue de Littérature comparée* en 1922, et on remarque même l'apparition de la première référence due à un chercheur chinois, Chang Hsin-hai (Zhang Xinhai, 1898-1972)[32], qui avait récemment soutenu sa thèse à Harvard et deviendra professeur de littérature anglaise à l'Université de Pékin (*Beida*). Mais il faut attendre l'année 1923 pour voir publié le premier article consacré à une comparaison Orient-Occident, portant sur les pratiques théâtrales en Chine et en Grande-Bretagne, sous la plume du professeur américain Adolf Eduard Zucker (1890-1971). Ce chercheur, qui enseigne alors à Pékin où il résidera six ans avant de rejoindre l'université du Maryland, témoigne de sa propre expérience de spectateur du théâtre chinois contemporain pour tenter, à travers ce détour, de produire des analyses nouvelles sur le théâtre élisabéthain, et notamment les représentations de Shakespeare. Selon lui, la Chine est un « pays magique » qui permet de remonter le temps pour « revivre le passé de la littérature européenne[33] ». Cette conception décalée des temporalités, qui pose en parallèle la Chine contemporaine et les périodes les plus anciennes de l'Europe, est longtemps restée courante, on la trouve aussi en France, déjà chez Paul Claudel qui analysait le théâtre chinois des années 1890 en lien avec le théâtre grec antique, ou même encore dans les années 1950 chez Simone de Beauvoir, à propos de l'opéra. A. E. Zucker repère et analyse de nombreuses « analogies » entre les arts de la scène à ces différentes périodes, par exemple sur les dispositions matérielles du spectacle, les costumes et les masques, le jeu et les conventions, le statut des comédiens et l'usage qui consiste à faire jouer à des hommes les rôles féminins. Il cite en particulier le célèbre acteur Mei Lanfang (1894-1961), qu'il avait eu la chance de voir sur scène pendant son séjour. Il conclut toutefois que ces analogies ne signifient pas une « identité » des deux théâtres, car de grandes différences apparaissent selon lui dans leurs « tendances profondes[34] » — différences à propos desquelles il ne dit mot. Citant à l'appui de ses remarques les travaux des sinologues Ferdinand Lessing (1882-1961) et Herbert Allen Giles (1845-1935) — qui fut l'auteur de l'une des toutes premières histoires de la littérature chinoise en langue occidentale —, E. A. Zucker, qui publiera en 1925 un ouvrage entièrement consacré au théâtre chinois[35], produit ainsi

31. *Ibid.*, p. 28.
32. Chang Hsin-hai [Zhang Xinhai], « The vogue of Chinese poetry », *Edinburg revue,* juillet 1922, *in RLC,* vol. 2, 1922, p. 653.
33. A. E. Zucker, « Théâtre élisabéthain et théâtre chinois », *in RLC,* vol. 3, 1923, p. 497.
34. A. E. Zucker, *op. cit.,* p. 514.
35. A. E. Zucker, *The Chinese Theatre,* Boston, Little Brown and Cᵒ, 1925.

une première approche alors inédite dans la *Revue de Littérature Comparée*, mêlant expérience personnelle de spectateur et érudition livresque, à partir des sources encore assez peu nombreuses dont il pouvait disposer.

Pendant l'année 1924, on lit surtout dans la *Revue* les arguments de Miguel Asín Palacios que nous avons signalés, ainsi qu'un article de l'historien Antonin Debidour (1847-1917) sur « L'indianisme de Voltaire[36] ». C'est l'année suivante que Fernand Baldensperger revient de façon plus générale sur la question des « influences orientales », à l'occasion de la lecture d'un numéro de la revue *Les Cahiers du mois* spécialement dédié à ce sujet sous le titre *Les Appels de l'Orient*[37]. Ce volume contenait les résultats d'une vaste « enquête » menée auprès de très nombreuses personnalités : des orientalistes comme l'islamologue Louis Massignon (1883-1962), les indianistes Émile Sénart (1847-1928) et Sylvain Lévi (1863-1935) ou le sinologue Henri Maspéro (1883-1945), des philosophes et des historiens, comme Léon Brunschvicg (1869-1944) ou Hermann von Keyserling, des hommes de lettres surtout, parmi lesquels Paul Valéry, André Gide, Maurice Maeterlinck, Edmond Jaloux, Claude Farrère, Paul Claudel, Henry de Montherlant, Philippe Soupault, André Breton ou Henri Pourrat, mais aussi des essayistes, des artistes et des critiques d'art, des explorateurs... au total, le recueil réunit près de cent vingt textes formant un panorama particulièrement intéressant et varié des représentations et des opinions des intellectuels sur l'« Orient » au milieu des années 1920. Il se ferme sur un compte rendu concernant le « Mouvement asiatique dans les revues françaises[38] » qui contient un long extrait de l'article de Fernand Baldensperger tiré de la *Revue de Littérature Comparée*, « Où l'Orient et l'Occident s'affrontent », dont il a été question ici. L'enquête de ce numéro des *Cahiers du mois* comportait cinq questions adressées à tous les contributeurs, qui résument parfaitement les termes du débat alors en cours :

> 1°) Pensez-vous que l'Occident et l'Orient soient complètement impéné-trables l'un à l'autre ou tout au moins que, selon le mot de Maeterlinck[39],

36. Antonin Debidour, « L'indianisme de Voltaire », *RLC*, vol. 4, 1924, p. 26 et suiv.
37. François et André Berge (éd.), *Les Appels de l'Orient*, Paris, Émile-Paul frères, n° 9/10, février-mars 1925, 396 p. L'ouvrage porte en couverture un sous-titre en langue arabe, tiré de la contribution du peintre Étienne Dinet (1861-1929) et de l'essayiste Sliman ben Ibrahim (1870-1953), ainsi traduit p. 266 : « Attire à toi l'Orient pour qu'il ne soit pas attiré loin de toi. ».
38. *Les Appels de l'Orient, op. cit.*, p. 383-384.
39. Allusion à Maurice Maeterlinck, *Les Sentiers dans la montagne*, Paris, E. Fasquelle, 1919, ch. XII, « Les deux lobes » : « Il semble, en effet, qu'il y ait, dans le cerveau humain, un lobe oriental et un lobe occidental, qui n'ont jamais fonctionné en même temps. L'un produit ici la raison, la science et la conscience ; l'autre sécrète là-bas l'intuition, la religion, la subconscience. L'un ne reflète que l'infini et l'inconnaissable ; l'autre ne s'intéresse qu'à ce qu'il peut limiter, à ce qu'il peut espérer de comprendre. Ils représentent, par une image peut-être illusoire, la lutte entre l'idéal matériel et l'idéal moral de l'humanité. Ils ont plus d'une fois essayé de se pénétrer, de se mêler et de travailler de concert ; mais le lobe occidental, tout au moins sur l'étendue la plus active de notre globe, a jusqu'ici paralysé et presque annihilé les efforts de l'autre. Nous lui devons d'extraordinaires

il y ait dans le cerveau humain un lobe occidental et un lobe oriental qui ont toujours paralysé leurs efforts ? 2°) Si nous sommes pénétrables à l'influence orientale, quels sont les truchements — germaniques, slaves, asiatiques — par lesquels cette action vous semble devoir s'exercer le plus profondément sur la France ? 3°) Êtes-vous d'avis, avec Henri Massis[40], que cette influence de l'Orient puisse constituer pour la pensée et les arts français un péril grave et qu'il serait urgent de combattre, ou pensez-vous que la liquidation des influences méditerranéennes[41] soit commencée et que nous puissions, à l'exemple de l'Allemagne, demander à la « connaissance de l'Est »[42] un enrichissement de notre culture générale et un renouvellement de notre sensibilité ? 4°) Quel est le domaine — art, lettres, philosophie — dans lequel cette influence vous semble devoir donner des résultats particulièrement féconds ? 5°) Quelles sont, à votre sentiment, les valeurs occidentales qui font la supériorité de l'Occident sur l'Orient, ou, quelles sont les fausses valeurs qui, à votre avis, rabaissent notre civilisation occidentale ?[43]

Cette « consultation » provoque le vif intérêt de Fernand Baldensperger, qui y voit « un recueil d'opinions concernant un sujet dont l'importance est considérable », et présente alors un texte, rangé dans la rubrique « Actualité » de la « Chronique », constituant une sorte d'épilogue ou de conclusion provisoire à son article de 1922. Ses remarques portent d'abord sur la remise en cause de l'Occident, qui lui semble en 1925 prendre la forme d'une « crise », telle qu'il en a déjà connu en 1715 et 1815, et dont il s'est à chaque fois relevé. Cette crise de confiance n'est donc pas selon lui à considérer comme un « crépuscule » ou une « fin », mais comme un fléchissement temporaire, d'autant que l'Europe, désormais enrichie par les deux Amériques, connaît au même moment un « glissement vers l'Ouest » qui développe son volume et son dynamisme. Le comparatiste retient ensuite de la lecture des contributions dues aux orientalistes la nécessité de distinguer entre les différentes cultures et traditions de l'« Orient »[44], de la même façon que l'« Occident » ne devrait pas apparaître comme un « bloc » trop homogène du point de vue des peuples orientaux ou asiatiques. Face à ces cultures et à leurs littératures, les contributeurs français se sont montrés favorables à une « interpénétration »

progrès dans toutes les sciences matérielles, mais aussi des catastrophes telles que celles que nous subissons aujourd'hui et qui, si nous n'y prenons garde, ne seront pas les dernières ni les pires. Il est temps, semble-t-il, de réveiller le lobe paralysé, mais nous l'avons tellement négligé que nous ne savons plus au juste ce qu'il peut faire. »

40. L'essayiste Henri Massis a publié en octobre 1925, dans *La Revue universelle,* le premier chapitre de ce qui allait devenir *Défense de l'Occident,* Paris, Plon, 1927. Il reprend son argumentaire contre ce qu'il appelle l'« asiatisme » dans *Les Appels de l'Orient, op. cit.,* p. 30-40.

41. La formule « liquidation des influences méditerranéennes » fut employée par André Gide au cours d'une discussion sur Dostoïevski, à Pontigny, lors de la décade d'août 1922.

42. Allusion au recueil poétique que Paul Claudel avait composé en Chine, *Connaissance de l'Est,* d'abord publié au Mercure de France en 1900, réédité en 1921 et en 1925.

43. *Les Appels de l'Orient, op. cit.,* p. 240-241.

44. Voir notamment l'article de Sylvain Lévi, « Distinctions », in *Les Appels de l'Orient, op. cit.,* p. 11.

des deux aires, sans les considérer comme irréconciliables, note-t-il alors, en négligeant les positions plus réticentes ou même très hostiles à cette idée, comme celle d'Henri Massis, en effet très minoritaire dans le recueil. Dès lors, la « connaissance de l'Est » ouvre la possibilité d'un enrichissement de la culture occidentale, et de sa sensibilité, et « la littérature comparée ne peut qu'enregistrer avec joie[45] » cette possibilité future, en effet défendue par de nombreux contributeurs. Le comparatiste partage-t-il vraiment cet engouement ? Dans la dernière partie de son texte, invoquant Alfred de Vigny, et un temps où peut-être l'Europe avait moins de raisons de douter d'elle-même, il réaffirme la « supériorité » de l'Occident, qu'il considère comme fondée sur une « *conception plus haute du travail et de la femme* », et sur une moralité de « *la conscience et la responsabilité* ». Dans l'évaluation intellectuelle et morale qu'il tient ainsi à affirmer en établissant une hiérarchie, aussi bien dans l'article de 1922 qu'en 1925, Fernand Baldensperger montre toujours la même inquiétude, celle de voir l'Europe partir « à la dérive[46] » sous l'influence des pensées et des cultures de l'Orient[47]. Il recommande, pour approcher cette partie du monde, non la lecture des amateurs qui ne fréquentent ces pays qu'à travers les bibliothèques ou quelque voyage d'agrément, mais des auteurs qui y ont résidé et ont pris sur place des responsabilités, citant comme exemple Paul Claudel, alors ambassadeur de France au Japon, et qui avait déjà longuement séjourné en Chine lors d'un premier séjour diplomatique, de 1895 à 1909. Paul Claudel avait lui aussi répondu à l'enquête des *Cahiers du mois* sur *Les Appels de l'Orient* que le comparatiste venait de lire. Dans le style direct et lapidaire qu'il affectionnait lorsqu'il s'agissait de livrer son opinion, le poète-diplomate avait réduit les questions et rédigé de brèves réponses aux allures définitives :

> Pensez-vous que l'Orient et l'Occident soient complètement impénétrables l'un à l'autre... ? *Nullement. Les hommes sont les mêmes partout.* [...] Êtes-vous d'avis, avec Henri Massis, que cette influence de l'Orient puisse constituer pour la pensée et les arts français un péril grave... ? *Nullement. Ce n'est jamais un mal de se connaître.* [...] ...et que nous puissions, à l'exemple de l'Allemagne, demander à la « Connaissance de l'Est » un enrichissement de notre culture générale et un renouvellement de notre sensibilité ? *Oui.*[48]

*

---

45. « L'Actualité : Les Appels de l'Orient », *in RLC*, vol. 5, 1925, p. 507.
46. *Id.*, p. 508. L'auteur souligne.
47. La même année, il pointe la « docilité complice » du « Barrès orientaliste » d'*Un Jardin sur l'Oronte* (1922) et de *L'Enquête aux pays du Levant* (1923), comparé à Goethe dont il considère le *Divan occidental-oriental* (*West-östlicher Divan*) comme relevant de « charmants pastiches » composés par « délassement », dans « L'appel goethéen chez Maurice Barrès », *in RLC*, vol. 5, 1925, p. 133-134.
48. *Les Appels de l'Orient, op. cit.*, p. 263-264.

Les premières « Influences orientales » dans la *Revue de Littérature comparée* rencontrèrent de nombreux obstacles, aussi bien intellectuels qu'idéologiques, dans le contexte spécialement difficile des années 1920. Si l'empreinte de l'« Orient » est représentée, dans les bibliographies, dans ses effets contemporains sur les littératures en Allemagne, en Italie ou en Grande-Bretagne, le domaine français ne semble que très exceptionnellement concerné, y compris dans les articles, et seulement pour les périodes passées — à travers les œuvres de Voltaire, Lamartine ou Leconte de Lisle. Dans ce cadre, les questionnements que soulève l'analyse des rapports entre Orient et Occident sont le plus souvent envisagés en termes d'opposition, ou préfèrent se cantonner volontairement à des analogies de surface. Les polémiques ou les tensions, sur les origines orientales de la *Divine comédie* ou les conséquences de l'indophilie germanique, par exemple, se présentent dans de nombreux antagonismes. Ces difficultés et ces réticences s'expliquent d'abord par le contexte historique. Depuis le tournant du XIXe au XXe siècle, une profonde défiance à l'égard de l'Extrême-Orient, en particulier, a marqué les esprits en Europe : les ouvrages qui flétrissent la « barbarie » asiatique ou fantasment un imminent « péril jaune » fleurissent au début des années 1900, et le choc du siège des légations étrangères de Pékin pendant la révolte des Boxers, largement médiatisé par les presses européennes en 1901, est encore dans toutes les mémoires quand la signature du traité de Portsmouth prend acte de la défaite russe contre le Japon en septembre 1905. Si la Première Guerre mondiale a ensuite pour un temps détourné l'attention de l'Asie, elle a surtout durablement traumatisé l'Europe en provoquant la « Crise de l'esprit » diagnostiquée par Paul Valéry en termes saisissants en août 1919, pour remettre en question sur bien des plans la prédominance du vieux continent. À partir des années 1920, les réactions aux conférences et aux écrits de Rabindranath Tagore ou de Romain Rolland, la publication d'essais marquants comme *Le Déclin de l'Occident* (*Der Untergang des Abendlandes*, 1922) d'Oswald Spenger, *La Tentation de l'Occident* (1926) d'André Malraux ou *Défense de l'Occident* d'Henri Massis, montrent toutes les interrogations et la prise de conscience qui parcourent l'Europe lorsqu'elle envisage dans cette période ses rapports avec le reste du monde et en particulier l'« Orient ». Un long *continuum* de préjugés profondément négatifs dans l'évaluation des cultures et des religions orientales vient de plus assombrir profondément cette perspective, au moins depuis le XIXe siècle, en visant particulièrement le bouddhisme, généralement présenté depuis Victor Cousin comme un « culte du néant[49] ».

En établissant dès 1921 une section bibliographique sur les « Influences orientales », puis en s'attaquant très directement à ce sujet dès le premier numéro de 1922, Fernand Baldensperger lança la *Revue de Littérature Comparée* dans des débats qui allaient bientôt devenir brûlants, parce qu'ils révélaient

---

49. C'est la formule de Victor Cousin dans son *Histoire générale de la philosophie depuis les temps les plus anciens jusqu'au XIXe siècle,* Paris, Didier, [1863] 1876, p. 93. Voir Roger-Pol Droit, *Le Culte du Néant. Les Philosophes et le Bouddha,* Paris, Seuil, 1997.

les conséquences intellectuelles, culturelles et morales du premier conflit mondial sur une « Europe meurtrie[50] » et désormais moins sûre d'elle-même. Tout en reconnaissant et en soulignant fermement les qualités et les « valeurs » européennes dans la création littéraire, il jugea « considérable » l'importance de cette direction du comparatisme, en choisissant d'évaluer avec mesure les « enrichissements » permis par cette rencontre avec les littératures et les cultures de l'« Orient », dont il reconnaît en définitive la dignité et la richesse. Sous sa direction, dès 1922 et pendant tout le premier lustre de la *Revue de Littérature Comparée* que nous avons examiné ici, il ouvrit sans ambages la revue aux thématiques orientales et asiatiques, en donnant d'emblée une dimension mondiale aux perspectives présentées. Malgré bien des réticences et des préjugés, la *Revue de Littérature Comparée* resta ainsi fidèle à l'expansion universelle prônée dès sa création, en faveur d'une discipline dont « la moisson s'étend à perte d'horizon[51] ».

Yvan DANIEL
Université Clermont Auvergne
CELIS

---

50. Fernand Baldensperger, « Littérature comparée : Le mot et la chose », *in RLC,* vol. 1, 1921, p. 9.
51. *Id.,* p. 29.

Kafka, Bertrand Russell et les bolcheviks ———————

Une fois dans sa vie, Franz Kafka s'est prononcé sur la Russie née de la révolution d'Octobre : en 1920, dans deux lettres envoyées de Prague à Milena Jesenská, sa première traductrice, qui vivait alors à Vienne. Il avait fait sa connaissance à l'automne de 1919 avant d'entamer avec elle, en avril 1920 — de Merano, en Italie, où il séjournait pour sa santé — un échange de lettres qui s'était assez vite transformé en correspondance amoureuse. Pendant les vacances d'été, qu'elle passe près de Salzbourg, et à un moment où toutes ses lettres sont pour elle, même si leurs relations commencent à se tendre, Kafka lui fait un envoi inhabituel par son objet et par la note d'enthousiasme qui l'accompagne :

> De toutes les généralités que j'ai lues jusqu'ici sur la Russie, c'est l'article ci-joint qui m'a fait le plus d'impression, ou plutôt sur mon corps, mes nerfs, mon sang. Même si je n'ai pas tout intégré exactement comme il le mentionne, mais l'ai transposé pour mon orchestre.
> (J'ai enlevé la fin de l'article, elle contient des accusations contre les communistes qui n'entrent pas dans ce contexte, d'ailleurs l'ensemble n'est qu'un fragment[1]).

Cette lettre est des 29 et 30 août 1920. Le 7 septembre, il y revient plus brièvement : « Je ne sais pas si tu as bien compris ma remarque à propos de l'article sur le bolchevisme. Ce que l'auteur y critique est pour moi le plus grand éloge possible ici-bas[2]. » Les lettres de Milena ayant disparu, on ignore si ce rappel répondait à une réaction — ou à une absence de réaction — de sa part à elle envers l'article transmis huit jours plus tôt. En tout cas, d'une semaine à l'autre, Kafka répète ses impressions en forme de chiasme ; la première fois, son intérêt passionné pour l'article est suivi du rejet des « accusations » qu'il y voit contre les communistes ; la deuxième fois, les critiques sont mentionnées d'abord puis Kafka les réinterprète, au contraire, comme

---

1. Franz Kafka, *À Milena*, trad. fr. et introduction par Robert Kahn, Caen, Nous, 2015, p. 222. Pour la relation avec Milena en 1920, voir Rainer Stach, *Franz Kafka. Die Jahre der Erkenntnis*, Francfort, Fischer, 2008, p. 340-412.
2. *Ibid.*, p. 238, trad. légèrement modifiée. Texte allemand : F. Kafka, *Briefe 1918-1920*, éd. Hans-Gerd Koch, Francfort, Fischer, 2013, p. 324 et 337.

« le plus grand éloge possible ici-bas ». Il est exceptionnel qu'il évoque, à deux reprises, et de façon aussi passionnée, son intérêt pour un événement contemporain (en l'occurrence, décisif pour l'histoire de tout le XXᵉ siècle, on le sait aujourd'hui). Et qu'il envisage celui-ci aussi positivement — alors qu'il divise très profondément l'opinion.

Quel est cet article ? À la première publication des lettres à Milena en 1952, ces deux passages n'avaient pas été jugés dignes d'éclaircissement par les éditeurs, pas plus que les lettres n'étaient précisément datées. La précision attendue est venue de la deuxième édition, en 1983 : il s'agit de « l'article "Venu de Russie soviétique" (*Aus dem bolchewistischen Russland*) de Bertrand Russell, paru dans le *Prager Tagblatt*, 45ᵉ année, n° 200 (25.8.1920) », qualifié aussi de « rapport critique sur les structures du communisme en train de transformer la société[3]. » En 1992, l'édition critique des manuscrits restés inédits du vivant de Kafka a confirmé et précisé cette information[4]. En 2013, celle de sa correspondance de 1918 à 1920 a reproduit pour la première fois le texte en question[5]. Cent ans après sa publication à Prague, que peut-on dire de la façon dont l'auteur du *Procès* y a réagi ?

*

Au printemps de 1920, alors qu'entre Merano et Vienne la correspondance de Kafka avec Milena devient passionnée, une délégation du parti travailliste (*Independant Labour Party*) et des syndicats britanniques (*Trade Union Congress*) visite la république des Soviets pour en étudier la situation politique, économique et sociale. Elle comprend onze membres, auxquels s'est joint, en simple observateur, un véritable héros de la vie intellectuelle et politique anglaise : Bertrand Russell. Au départ professeur à Cambridge, logicien et mathématicien de grand renom, il s'est rendu célèbre, surtout entre 1916 et 1918, comme le représentant le plus actif et le plus intransigeant du pacifisme et de l'objection de conscience — seul, alors, de tous les penseurs de son rang en Europe. Et en payant le prix d'une répression virulente[6]. Ainsi, pour le présenter, le *Prager Tagblatt* du 25 août 1920 passe sous silence le chercheur et le philosophe et n'évoque que « l'homme politique anglais exceptionnel qui, pendant la guerre, a lutté si courageusement contre la guerre et, de ce fait, a

---

3. *Id.*, *Briefe an Milena*, éd. Jürgen Born et Michael Müller, Francfort, Fischer, 1983, p. 348 (n. 238). Le *Prager Tagblatt*, quotidien libéral-démocrate de langue allemande, fondé en 1876, était très lu dans la famille de Kafka : R. Stach, *op. cit.*, p. 318.

4. F. Kafka, *Nachgelassene Schriften und Fragmente II*, éd. Jorg Schillemeit, Francfort, Fischer, 1992, *Apparatband*, p. 75 et 76-77 (n. 1). Désormais abrégé en *NSF II*.

5. *Id.*, *Briefe 1918-1920*, p. 637-641

6. Voir Jean-Jacques Rosat, « Préface. La politique d'un philosophe », dans Bertrand Russell, *Le Pacifisme et la révolution. Écrits politiques* (1914-1918), Marseille, Agone, 2014, p. 7-27. Sur les mesures répressives (amendes, interdictions professionnelles, meetings chahutés, procès et peine d'emprisonnement) qui l'ont frappé à partir de 1916 : *ibid.*, p. 9, 99-105 et 241-247. Il lui faudra, en 1920, l'autorisation du gouvernement anglais pour aller en Russie.

dû endurer de sévères poursuites[7] ». Sa présence a accru le retentissement de ce voyage collectif, qui était aussi « la première expédition occidentale en Russie depuis la révolution[8] ».

Les textes dans lesquels Russell en a rendu compte ont été écrits à divers moments, sont de longueur inégale et relèvent de genres différents ; pour certains, l'auteur en a différé la publication de son vivant, parfois pendant de longues années. Dans l'ordre chronologique, d'abord, un bref journal de bord, dont les entrées s'échelonnent entre son arrivée en Russie, le 9 mai 1920, et son départ le 16 juin, ainsi que quatre lettres privées écrites avant et pendant son séjour[9] ; puis, beaucoup plus longs, et décisifs pour nous parce qu'ils font entrer son voyage dans le domaine public, cinq articles, sur-titrés *Impressions of Bolshevik Russia*, écrits à son retour, sans reprendre haleine, et publiés dans deux hebdomadaires du même nom, *The Nation* : le premier à Londres, en cinq livraisons, du 10 juillet (soit un mois après son retour) au 7 août, l'autre à New York, cette fois dans deux numéros seulement (31 juillet et 7 août 1920)[10]. Enfin, un livre, *Théorie et pratique du bolchevisme* (The Theory and Practice of Bolshevism), qui paraîtra en Grande-Bretagne en novembre 1920. Vite célèbre, il aura une préface et deux parties, « Condition présente de la Russie » et « La théorie bolcheviste ». Cinq des huit chapitres de la première reprendront, dans le même ordre et avec les mêmes titres, les articles de l'été. Sans attendre, la presse des autres pays a donné un large écho à ce voyage, en traduisant certaines des *Impressions*, parfois sous un titre modifié. Ainsi, l'article du *Prager Tageblatt* du 25 août, est — selon le chapeau de la rédaction — « emprunté au *Nation* de Londres[11] », où il est sorti le 10 juillet sous le titre « Caractères généraux » (*General Characteristics*). Bientôt, sans changer d'intitulé, il formera le chapitre deux des *Principes*[12].

*

Qu'est-ce que Kafka a pu y découvrir ? L'original s'ordonne en trois développements successifs : un aperçu du voyage, un examen du pouvoir des

7. F. Kafka, *Briefe*, p. 637.
8. B. Russell, *Uncertain Paths to Freedom, Russia and China, 1919-22* (The Collected Papers of Bertrand Russell, vol. 15), éd. Richard A. Rempel, Beryl Haslam, with the assistance of Andrew Bone, Albert C. Lewis, Londres et New York, Routledge, 2000, « Introduction », p. XXIV.
9. « Journal of the Trip to Russia », *ibid.*, p. 159-170 ; « Letters from Russia », *ibid.*, p. 417-421.
10. « Impressions of Bolshevik Russia », *ibid.*, p. 174-198. *The Nation* de Londres (1907-1923) : hebdomadaire du libéralisme radical, auquel Russell collabore depuis sa fondation ; sa tribune pour ses premières interventions contre la guerre. *The Nation* de New York, fondé en 1865 contre l'esclavage : le plus ancien hebdomadaire de gauche aux États-Unis ; réaffirme cette orientation à partir de 1918.
11. Comme l'a noté Michael Löwy, *Franz Kafka rêveur insoumis*, Paris, Stock, 2004, p. 22.
12. B. Russell, *The Practice and Theory of Bolshevism*, Londres, G. Allen & Unwind, 1920, p. 24-35 (trad. fr. 1921). Nous renverrons à *Pratique et théorie du bolchevisme*, Paris, Mercure de France, 1969. Ce que Kafka a lu entrera ensuite dans ce livre mais n'en est pas tiré, contrairement à ce que dit J. Schillemeit : voir *supra*, note 4.

bolcheviks et une critique de leur politique étrangère. Dès le départ, on doit le noter, il est aussi plus court (d'un quart) que la version parue ensuite à New York[13]. Il omet une introduction de l'auteur et, plus loin, un rappel succinct de la guerre civile en Russie entre 1918 et 1920. Mais — fait bien plus important — cette version déjà réduite l'est beaucoup plus encore quand elle paraît à Prague : comparée à l'original, elle montre six coupures qui éliminent tantôt de brefs passages, d'une à quelques lignes, tantôt des paragraphes entiers, voire plusieurs paragraphes de suite (cinq sur onze en tout)[14]. Amputation considérable, d'environ quarante pour cent, qui risque d'autant plus d'altérer, voire de dénaturer, la pensée de l'auteur qu'elle n'est pas signalée au lecteur. De plus, comme ces coupures affectent particulièrement la partie finale, modifiant les proportions de l'original — un volet central encadré de deux autres un peu plus courts —, le *Prager Tagblatt* tente de rétablir l'équilibre en fabriquant une troisième partie qui n'était pas chez Russell : le dernier paragraphe de la partie médiane est isolé (par une ligne de blanc) de ce qui précède et on lui ajoute le seul paragraphe subsistant de l'ancienne partie finale. Le résultat est un développement artificiel où deux sujets différents s'additionnent et d'où la progression de la pensée sort obscurcie.

*

Tentons donc, à partir du texte pragois, mais sans perdre de vue le dispositif choisi par Russell au départ, de comprendre la réaction de Kafka, en allant du plus certain au plus problématique. La première partie est un résumé du voyage (cinq jours à Petrograd, onze à Moscou, neuf en province, de Nijni-Novgorod à Astrakhan), qui relate la réception officielle, parfois fastueuse, faite aux Anglais, et les rencontres avec « des gens importants du gouvernement » (Lénine, Trotski, Kamenev), « des hommes politiques de l'opposition » (socialistes-révolutionnaires, anarchistes, mencheviks), déjà éliminés de la vie publique, et des intellectuels[15]. En revanche, on a coupé les tentatives de certains des visiteurs, dont Russell lui-même, pour parler à des gens de la rue ou à des villageois hors du cadre officiel. Coupé aussi le voyage en province, avec les incidents et les rencontres qui l'ont marqué. Un peu plus de la moitié du texte initial disparaît ainsi et le reste ne semble guère de nature à justifier la forte impression que Kafka dit avoir éprouvée. Il faut en chercher l'origine ailleurs.

Laissons un moment de côté la partie centrale pour regarder la troisième, où les coupures sont encore plus abondantes que dans la première. Le sujet

---

13. B. Russell, « Impressions », introduction, p. 174.

14. Si l'on part du texte d'« Impressions », la version de New York fait 331 lignes (de 65 signes), celle de Londres (et de *Pratique*) 251 et celle de Prague 156. On ignore si les coupures pragoises sont du traducteur ou de la rédaction.

15. B. Russell, « Impressions », p. 177 ; *Pratique*, p. 35 : « Dans les villes, j'ai tenté de rencontrer le plus d'intellectuels possible ». En allemand, « intellectuels » est remplacé par « industriels » : F. Kafka, *Briefe*, p. 638.

en est la politique étrangère des bolcheviks : elle obéit, selon Russell, aux intérêts de la révolution mondiale dont la Russie a pris la tête afin d'abolir partout le capitalisme. À cet égard, il prend deux fois position et la polémique remplace le compte rendu de voyage. Il s'affirme d'abord « résolument et catégoriquement hostile » à cette stratégie qui risque, selon lui, d'enflammer une nouvelle guerre très dangereuse pour le monde[16]. Puis, sur un ton moins virulent, il avance que, malgré l'internationalisme actuel, intransigeant et exclusif, que son chef incarne (« s'il devait choisir, Lénine sacrifierait plutôt la Russie que la révolution[17] »), le bolchevisme, du fait de ses succès militaires, n'est nullement à l'abri d'un retour du nationalisme. Il illustre cette hypothèse en racontant sa rencontre, unique mais marquante, avec Trotski dans une loge d'opéra à Moscou, le 17 mai, et en montrant le chef de l'Armée rouge, debout face à la salle, « les bras croisés, dans un déchaînement d'acclamations », et parlant de « nos braves qui sont au front », c'est-à-dire en pleine offensive contre Varsovie. En grand adversaire du premier conflit mondial qu'il a été, Russell ironise même sur le public russe qui, ce soir-là, a réagi aux paroles de Trotski « comme un auditoire londonien à l'automne 1914[18] ». Dans le *Prager Tagblatt*, la scène est conservée mais, au lieu d'illustrer le raisonnement de l'auteur, elle flotte dans le vide car tout ce qui précédait, soit les deux tiers de l'ancienne troisième partie, a disparu, englouti par une seule — et énorme — coupure.

C'est justement dans cette troisième partie que Michael Löwy, l'un des très rares chercheurs français à s'être intéressé à la façon dont Kafka a lu Russell, situe l'origine de leur différend : « ce qui semble à Kafka digne d'éloges chez les révolutionnaires russes, c'est précisément ce que leur reproche Russell, leur engagement radicalement internationaliste[19] ». Sur ce point, la discussion devrait normalement s'ouvrir : en effet, Russell se réclame lui aussi de l'internationalisme radical[20] ; ce qu'il reproche aux bolcheviks, c'est de le concevoir seulement sous la forme d'une révolution « sanglante » qui risque d'engendrer « un cataclysme universel » et de faire sombrer la civilisation « pour un millénaire »[21]. Toutefois, une telle objection paraît superflue parce que les arguments de Russell n'ont tout simplement pas été reproduits dans le *Prager Tagblatt* ; le passage que Löwy cite à l'appui de sa thèse est justement l'un de ceux que le journal pragois a coupés. On voit mal Kafka réfutant une idée qu'il n'a pas pu lire. S'il conteste Russell, ce n'est donc probablement pas à cause de la « sensibilité "socialiste cosmopolite" » que Löwy lui prête[22].

---

16. *Ibid.*, p. 181 et p. 43.
17. *Ibid.*, p. 182 et p. 44.
18. *Ibid.*
19. M. Löwy, *op. cit.*, p. 21.
20. Il l'a notamment montré en saluant la révolution russe de février 1917 comme une chance inattendue pour la paix et l'avènement d'un socialisme démocratique ou en soutenant les bolcheviks, en janvier 1918, pour leurs pourparlers de paix séparée avec l'Allemagne, alors qu'ils encouraient la réprobation des ex-alliés de la Russie.
21. B. Russell, « Impressions », p. 181 ; *Principes*, p. 44.
22. M. Löwy, *op. cit.*, p. 22.

Leur différend doit venir d'ailleurs. Il faut alors revenir sur la partie centrale de l'article.

*

Le sujet en est la façon dont les bolcheviks au pouvoir conçoivent et exercent la dictature du prolétariat, de la tête du parti aux échelons inférieurs du nouvel appareil d'État. Russell en donne deux portraits successifs — leur activisme et leur intransigeance, puis leurs privilèges — et, entre les deux, multiplie les parallèles historiques pour tenter de ramener ces révolutionnaires en terrain connu. Il les rapproche des « premiers successeurs de Mahomet », des dirigeants du Directoire français (pour « le côté indigne »), des puritains de Cromwell (pour le « meilleur côté »), des gardiens de la République de Platon et même des aristocrates anglais issus des *public schools*. Le journal pragois supprime ces deux dernières comparaisons, ainsi qu'un commentaire sur la « foi fanatique » des bolcheviks, mais les coupures, plus brèves qu'ailleurs, épargnent cette fois l'essentiel du texte.

Russell corrige les « milieux socialistes avancés » qui, en Angleterre, « pensent que "prolétariat" veut dire "prolétariat" mais que "dictature" ne veut pas tout à fait dire "dictature" » :

> C'est tout le contraire de la vérité. Quand un communiste russe parle de dictature, il l'entend à la lettre, mais quand il parle de prolétariat, il l'entend dans un sens à la Pickwick (*in a Pickwickian sense*). Il veut dire la partie du prolétariat ayant la conscience de classe, c'est-à-dire le parti communiste (*the Communist Party*).[23]

Réglant son regard et son jugement sur ce parti, Russell cherche à caractériser l'état d'esprit de ses membres, tel qu'il ressort de leur façon d'agir au quotidien : ce sont des traits de comportement et de mentalité qui retiennent son attention, plutôt que le contenu des mesures prises. Le communiste, énumère-t-il,

> ne se ménage pas plus qu'il ne ménage les autres. Il travaille seize heures par jour et renonce à son demi-samedi de congé. Il se déclare volontaire pour tout travail difficile ou dangereux s'il y a urgence [...]. Il mène une vie austère. Il ne poursuit pas de buts personnels mais aide à créer un ordre social nouveau.[24]

Cette discipline, ce désintéressement, ce dévouement qui peut aller jusqu'au sacrifice, ne sont qu'un premier aspect ; la conviction qui les nourrit

---

23. B. Russell, « Impressions », p. 179 ; *Principes*, p. 37-38. En allemand, « dans un sens à la Pickwick » est rendu par « dans un sens qui lui est propre » (*in einem eigenen Sinn*) : F. Kafka, *Briefe*, p. 638.
24. *Ibid.*, p. 179 et p. 38 ; *Briefe*, p. 638.

(« la propriété privée est la cause de tout mal ») explique une autre attitude chez le militant :

> Il ne reculera devant aucune mesure, même la plus dure, s'il apparaît qu'elle est nécessaire à la construction et à la protection de l'État communiste. [...] Austère, il est pour les mêmes raisons impitoyable. [...] L'opposition est écrasée sans merci, et on se sert sans hésiter des méthodes de la police tsariste dont nombre d'agents ont conservé leur emploi.[25]

Un troisième aspect, moins remarqué à l'époque, importe tellement à Russell qu'il lui consacre un second portrait (que le *Prager Tagblatt* va séparer du précédent) :

> À *bien des égards*, les communistes *ressemblent à l'Anglais type, sorti d'un public school* : ils ont tous les bons et mauvais côtés d'une aristocratie jeune et pleine de vitalité. Courageux, énergiques, capables de commander, toujours prêts à servir l'État, ils sont d'ailleurs dépourvus de la moindre considération pour le peuple (*the plebs*). Pratiquement seuls au pouvoir, ils bénéficient donc d'innombrables avantages.[26]

Suit un catalogue précis de ces bénéfices : une alimentation meilleure que pour le reste de la population, des facilités pour avoir une voiture ou le téléphone, ou au moins des tickets pour les magasins d'État (où « les prix sont au cinquième de ceux du marché »), des billets de chemin de fer ou des places de théâtre, en bref tout ce qui assure « une vie plus heureuse que le reste de la communauté. » Ultime avantage non négligeable : les militants sont « moins exposés aux importunes attentions de la police et de la commission d'exception (*extraor-dinary commission*)[27] ».

Certes, Russell multiplie les atténuations : tout cela vient en partie de Marx, en partie aussi d'une combinaison « de démocratie et de foi religieuse », et n'est que provisoire, le temps que la propriété privée soit abolie. Il n'en tire pas moins de son parallèle entre Lénine et Cromwell une remarque capitale : « L'un et l'autre [...] ont fini par sacrifier la démocratie à la religion imposée par une dictature militaire. L'un et l'autre ont voulu contraindre leur pays à un

---

25. *Ibid.*, p. 179 et p. 38-39 ; *Briefe*, p. 639.
26. *Ibid.*, p. 180 et p. 41 ; *Briefe*, p. 640. Le passage en italiques est coupé dans la traduction allemande. En revanche, avant la dernière phrase de cet extrait, l'article pragois ajoute : « Ainsi à l'égard de leurs subordonnés qu'ils surchargent de travail ou des gens de la rue dont ils mettent la vie en danger par leur façon extraordinairement brutale de rouler en voiture », phrase absente du texte anglais. On ne peut guère penser à un ajout personnel du traducteur ; il est probable qu'elle figurait bien dans la version de Londres, d'où Russell l'a retirée par la suite.
27. *Ibid.*, p. 181 et p. 42 ; *Briefe*, p. 640. « Commission extraordinaire » : appellation officielle abrégée de la police politique créée par les bolcheviks en décembre 1917, définie par Lénine « organe suprême de la dictature du prolétariat » (nov. 1918) et passée à la postérité sous l'acronyme sinistre de « Tcheka ».

niveau de moralité et d'efforts que même la population trouvait intolérable[28]. » Capables de subordonner leur vie personnelle à leurs missions et prêts à agir dans n'importe quel secteur de la vie sociale, les bolcheviks ont moins liquidé le capitalisme qu'imposé leur volonté à la société russe tout entière. Leurs mesures implacables ne visent pas seulement leurs ennemis, mais aussi leurs opposants et, au-delà, toute initiative et tout choix, collectif ou individuel, qui pourrait échapper au parti. De leur adhésion à celui-ci, ils tirent des emplois et des promotions dans le nouvel État, ainsi que les privilèges qu'on a vus, se mettant ainsi à part et au-dessus du peuple ordinaire pour lequel ils sont « dépourvus de la moindre considération »[29].

C'est donc bien avec le cœur même du texte de Russell — le double portrait des bolcheviks — que Kafka est en désaccord. Il le reconnaît devant Milena, sous la forme d'une antithèse : « Ce que l'auteur y critique est pour moi le plus grand éloge possible ici-bas. » Il tente de se détacher de l'opinion de Russell en la renversant en son contraire. À ses yeux, les mêmes raisons qui conduisent l'auteur anglais à critiquer les bolcheviks justifient au contraire qu'on fasse leur apologie. Et l'adverbe « ici-bas » (auf Erden) donne à cette affirmation, sinon un arrière-plan religieux, du moins une indéniable solennité.

*

Reste un dernier point. Kafka dit qu'il a « supprimé la fin de l'article » en raison de ses « accusations contre les communistes ». Veut-il parler des sept dernières lignes de la troisième partie, qui n'ont pas été coupées (et donc qu'il a pu lire), comme plusieurs commentateurs le pensent[30]? C'est possible. Toutefois, Russell s'y borne à un pronostic : si les bolcheviks restent au pouvoir, « craignons fort que leur communisme s'évapore » et que leur pouvoir ne ressemble au gouvernement de l'Inde par les Anglais[31]. On peut donc difficilement parler d'« accusations ». En écrivant ce mot, Kafka a sans doute en tête un passage plus virulent, mais antérieur. Ne faut-il pas remonter encore d'une douzaine de lignes jusqu'à l'épisode de Trotski, où la mise en cause des bolcheviks est déjà plus nette ? Kafka se justifie des accusations qu'il a supprimées en disant : elles « n'entrent pas dans ce contexte »; d'ailleurs, ajoute-t-il, « l'ensemble n'est qu'un fragment ». De fait, il a pu conclure, à juste titre, du chapeau paru dans le *Prager Tagblatt* que le rapport de Russell était détaché d'un ensemble plus vaste, ce qui est bien sûr le cas. « N'entrent pas dans ce contexte », en revanche, pourrait signifier que, pour lui, l'hypothèse

---

28. *Ibid.*, p. 180 et p. 40 ; *Briefe*, p. 639.
29. Sur cette première période du régime soviétique (1917-1920), voir Stéphane Courtois, Nicolas Werth et al., *Le Livre noir du communisme* (1997), Paris, R. Laffont, « Pocket », 1999, p. 53-155 ; N. Werth, La *Terreur et le désarroi*, Paris, Perrin, « Tempus », 2007, p. 52-72 ; N. Werth, *Le Cimetière de l'espérance*, Paris, Perrin, « Tempus », 2019, p. 79-107.
30. Voir Dušan Glišović, *Politik im Werk Kafkas*, Tübingen, Francke, 1996, p. 30 ; M. Löwy, *op. cit.*, p. 21 ; et H.-G. Koch dans F. Kafka, *Briefe*, p. 641.
31. B. Russell, « Impressions », p. 182 ; *Principes*, p. 46 ; F. Kafka, *Briefe*, p. 641.

d'un retour en force du nationalisme russe n'est pas très bien amenée dans la scène avec Trotski : probablement parce que toute l'argumentation qui précédait a été coupée. Il se peut donc que Kafka ait supprimé non les sept, mais les vingt dernières lignes.

Toutefois, pour trouver de véritables « accusations », et non des pronostics ou des hypothèses, il faudrait remonter encore d'une quinzaine de lignes, jusqu'au début de la partie finale fabriquée par le *Prager Tagblatt*. Là se trouve en effet, on l'a vu, le deuxième portrait des bolcheviks, avec leurs privilèges matériels et politiques, sans doute le passage le plus acerbe de tout l'article. Il est donc possible que Kafka l'ait supprimé aussi (avec tout ce qui suit), le jugeant trop accusateur. Mais, du coup, il ne laissait pas grand-chose de l'article et de l'impression marquante qu'il en a retirée. Et, surtout, il ne pouvait pas se justifier en disant que ces accusations « n'entrent pas dans ce contexte ». Car, loin d'être extérieures, elles sont inhérentes à la partie centrale du texte de Russell, elles en forment la trame même. Nous ne savons pas ce que Kafka a fait. Nous savons seulement qu'il avait trois possibilités de suppression, la deuxième et la troisième étant les plus aptes à écarter les « accusations » de Russell contre les bolcheviks, mais aussi toujours plus amples — et plus menaçantes pour l'intégrité du texte, déjà bien compromise par le journal pragois[32].

*

Le désaccord avec Russell est donc flagrant. Quelle valeur lui accorder ? L'épisode est isolé dans la correspondance et, apparemment, dans la vie de l'auteur. D'après la première des deux lettres à Milena, l'intérêt de Kafka pour la Russie soviétique ne date pas de ce mois d'août 1920 ; avant l'article anglais, il aurait lu d'autres « généralités » sur le sujet ; mais il ne dit pas lesquelles et les textes conservés ne nous renseignent pas. De plus, il n'y reviendra jamais par la suite. S'agit-il alors d'un enthousiasme aussi passager que soudain et les biographes de Kafka ou de Milena ont-ils raison de le passer sous silence ?

L'auteur nous incite pourtant à la prudence en faisant état de l'impression exceptionnelle que l'article a produite sur son corps et sur son organisme, avant d'ajouter : « Même si je n'ai pas tout intégré exactement comme il le mentionne, mais l'ai d'abord transposé pour mon orchestre ». La première de ces indications est sans doute trop singulière et trop intime pour être éclairée par l'analyse, sinon comme marque d'une émotion intense à la lecture ; en revanche, la deuxième, la métaphore musicale, nous permet de mieux comprendre sa réaction.

---

32. En fonction de ces trois possibilités, et en partant toujours du texte anglais des « Impressions », Kafka aurait supprimé soit 7, soit 13, soit 29 lignes ; dans ce dernier cas, l'article envoyé à Milena n'aurait plus que deux parties (la seconde restant de plus incomplète).

En effet, il est un domaine où cette « transposition » semble avoir été très rapide — au point même de précéder la lettre du 30 août — et c'est celui de l'écriture littéraire. Il est utile de repartir de la chronologie. Dans une lettre du 26 août 1920, le lendemain de la publication de l'article de Russell, Kafka annonce à Milena, à l'aide d'une métaphore militaire, qu'il s'est remis à écrire « depuis quelques jours[33] » (il avait cessé de le faire pendant deux ans et demi) — très probablement le 19 août. Dans la nuit du 29 au 30, après quatre brefs départs de texte, il écrit d'une traite un récit, « La Requête », plus long que tout ce qu'il a composé depuis dix jours et qui change aussi complètement de sujet : la requête est celle que, dans un vaste pays innommé, les habitants d'une petite ville viennent présenter au fonctionnaire qui les administre et que celui-ci va publiquement rejeter comme chaque fois, selon un cérémonial immuable[34]. L'examen scientifique du manuscrit a fourni à Jorg Schillemeit deux indices pour le dater : tout à la fin, d'abord, les effets sur l'écriture d'un changement de plume, effets qui s'observent aussi dans la deuxième partie, écrite le 30 août, de la lettre à Milena des 29-30 août ; ensuite, l'emploi dans « La Requête » de l'adjectif « révolutionnaire » qui fait indubitablement écho à l'article de Russell[35]. Le récit a dû être écrit entre les deux parties de la lettre, probablement la nuit du 29 au 30. La première réaction de Kafka au texte du *Prager Tagblatt* a donc été « La Requête » ; l'envoi à Milena de l'article (écourté par lui), avec son commentaire, n'est venu qu'après.

La nuit suivante, Kafka rédige deux autres textes, « Au sujet des lois » et « La levée de troupes » et, le surlendemain, 31 août, après cinq ébauches de quelques lignes, le début d'un récit demeuré sans titre ; les trois ont une parenté thématique évidente avec « La Requête » : des citadins aux prises avec les autorités, à propos du rejet immotivé d'une requête collective, d'une procédure d'enrôlement aussi autoritaire qu'arbitraire ou de l'intimidation d'un solliciteur par le regard d'un fonctionnaire[36].

Ce petit groupe de récits, nés en trois nuits d'août 1920, a une autre particularité : de manière inhabituelle chez Kafka, il renoue avec une série de textes antérieurs, écrits à Prague au printemps de 1917, dont l'originalité était déjà très accusée par rapport au reste de son œuvre. Il s'agit de « Lors de la construction de la muraille de Chine » et d'« Une vieille page »,

---

33. *Id.*, *À Milena*, p. 215. De cette phase d'écriture, qui dure jusqu'en décembre 1920, sont nés des textes très variés, rédigés sur des feuilles de papier à lettres, que l'édition critique a étudiés sous le nom d'« ensemble (ou liasse, ou chemise) 1920 » (*Konvolut 1920*). Kafka n'en a choisi aucun pour le publier de son vivant. Voir Manfred Engel/Bernd Auerochs (éd.), *Kafka Handbuch Leben — Werk — Wirkung*, Stuttgart, Metzler, 2010, p. 346-352.
34. F. Kafka, *NSF II*, p. 261-269 ; trad. fr. : *Œuvres complètes* [désormais : *ŒC*], *II*, Paris, Gallimard, « Pléiade », 1986, p. 570-576. Laissé sans titre par l'auteur, il a été baptisé « Le refus » par Brod qui l'a publié en 1936. Claude David, en 1986, a choisi « La Requête ».
35. Voir F. Kafka, *NSF II*, *Apparatband*, p. 75-79 ; voir aussi M. Engel, *op. cit.*, p. 350-351.
36. F. Kafka, *NSF II*, p. 270-279 ; trad. fr. : *ŒC II*, p. 576-582. Première publication : « Au sujet des lois » (le titre est de Kafka), 1931 ; « La levée de troupes », 1937 ; « On a honte de dire [...] », 1953.

auxquels s'ajoute « Un message impérial » que Kafka a lui-même détaché du premier de ces récits pour le publier ensuite en revue et en livre[37]. Ces trois textes posaient la question des formes du pouvoir, mais à propos de la Chine ancienne (celle du IVe et du IIIe siècle avant notre ère), de la défense de ses frontières, de l'institution impériale qui lui sert de fondement et de la longévité d'un tel régime. Dans ceux de l'été 1920, la Chine n'est plus nommée et l'enquête s'écarte du pouvoir de la capitale, celui de l'Empereur, pour s'attacher à celui des fonctionnaires dans les provinces. Toutefois le lien avec la Chine est implicitement conservé par trois des fragments du 31 août qui parlent d'un homme qu'on va juger pour avoir mis en doute « l'origine divine de l'Empereur ». L'on retrouve surtout, dans les deux groupes de textes, le même narrateur à la première personne, tout à la fois volubile, politiquement prudent et très enclin à revenir sur son enfance, le même usage de la parabole pour faire s'entrechoquer les questions plutôt qu'apporter des réponses et le même abandon du cadre habituel — familial, professionnel, social — des fictions de Kafka au profit d'une interrogation nouvelle sur la façon dont une « mise en forme de la coexistence humaine[38] » s'opère à l'échelle d'un immense empire presque immémorial, en relation étroite avec des formes de pouvoir. Malgré les années qui les séparent, ces deux groupes de récits sont donc bien dans le prolongement l'un de l'autre. Et si le deuxième, celui d'août 1920, est lié à la lecture de Russell, on devrait dire qu'assez paradoxalement c'est la Russie de Lénine qui a conduit Kafka à reprendre en imagination le chemin de la Chine.

À moins qu'une autre hypothèse ne soit permise, qui se fonderait sur l'« attirance infinie qu'exerce la Russie », une attirance qu'il a notée dans ses *Journaux* en plein conflit mondial, alors que c'était un pays ennemi[39]. Le récit de Russell l'a peut-être ravivée, notamment en évoquant son entrée en Russie à travers « une agglomération désolée de marais, de pins et de réseaux barbelés[40] ». Or, quelles que soient les sources, textes littéraires, mémoires ou témoignages, dont cette attirance a été nourrie, la Russie est, au moins depuis 1902, un pays traversé de secousses révolutionnaires et qui le restera jusqu'en 1921, avec des points culminants en 1905 et 1917. Dès 1912, et son

---

37. F. Kafka, *Nachgelassene Schriften und Fragmente I*, éd. Malcolm Pasley, Francfort, Fischer, 1993, p. 336-361 ; trad. fr. : *ŒC, II*, p. 473-490. Première publication : « Lors de la construction [...] », 1930-1931 ; « Une vieille page », 1917 (dans un journal) ; « Un message impérial », 1919 (dans un journal). Les deux derniers ont été inclus aussi dans le recueil de 1919, *Un médecin de campagne*.

38. Claude Lefort, *Essais sur le politique, XIXe-XXe siècles*, Paris, Seuil, 1986, p. 256. Voir aussi M. Engel, *op. cit.*, p. 254. Ce n'est pas bien sûr une nouveauté absolue : « La muraille de Chine » et les récits de 1920 éclairent à leur façon ce qui était déjà en jeu dans *Le Procès* et *La Colonie pénitentiaire*.

39. F. Kafka, *Journaux*, p. 628 (14.2.1915).

40. B. Russell, « Impressions », p. 79 ; *Pratique*, p. 37 ; F. Kafka, *Briefe*, p. 638. Selon J. Schillemeit, cette description doit avoir « impressionné » Kafka, qui l'a transposée dans une ébauche de récit du 1er septembre 1920 : voir *NSF II, Apparatband*, p. 76-77 et note 1. Elle commence ainsi : « J'avais posté une sentinelle au beau milieu des forêts marécageuses » : *NSF II*, p. 284-285, trad. fr. : *ŒC II*, p. 622.

premier chef-d'œuvre, *Le Verdict* (que Milena est justement en train de traduire en tchèque au mois d'août 1920[41]), Kafka a évoqué le grand ébranlement de 1905 dans deux brefs passages d'une intensité hallucinatoire[42]. À la révolution d'Octobre, on peut dire qu'il a réagi après-coup par l'envoi à Milena du texte de Russell (le 30 août) — et les textes écrits au même moment, du 29 au 31 août 1920. Une seule des révolutions russes n'aurait donc pas laissé de trace chez lui : celle de février 1917. Mais si, justement, c'était pour y réagir, mais sans le dire, qu'il avait choisi, un mois après, en mars 1917, dans « La muraille », le thème et le genre, sans précédents chez lui, de la Chine impériale et de la parabole politique ? Dans ce cas, la lecture de Russell, en 1920, ne l'aurait pas ramené vers la Chine, mais une fois encore, et sous le masque d'un autre empire disparu, à la Russie — et, à travers les bolcheviks, aux répercussions du séisme qu'avait été la chute du régime impérial. C'est pourquoi la mise en œuvre littéraire inédite par laquelle il y avait réagi au printemps de 1917 serait reprise et adaptée dans ses textes de fiction d'août 1920.

Autrement dit, sa réaction à l'article de Russell n'est pas isolée et totalement inattendue. L'exposé du philosophe anglais a déclenché un travail de transposition plus vaste, où l'écriture littéraire de Kafka, à peine remise en mouvement, double souterrainement la polémique à ciel ouvert. « Corps », « nerfs » et « sang » ne traduisent pas seulement l'émotion causée par le texte mais un retour au processus d'écriture. Processus qui ravive des frayages anciens et donne à sentir « la résistance des distances traversées ».

*

Indiquons brièvement pour finir la direction que devrait maintenant prendre l'enquête. Quatre jours après la lecture du *Prager Tagblatt*, la « transposition » littéraire de Kafka suggère, en renouant avec plusieurs textes écrits en 1917, que sa réaction envers Russell n'est pas un fait contingent, isolé et mineur, mais la poursuite d'un travail antérieur. En même temps, les arguments de ceux qui veulent y voir l'influence de Milena (ou le désir de lui plaire, au prétexte notamment qu'elle aurait été communiste (ce qui est faux à l'époque) ne sont pas probants. Certes, ses débuts de journaliste et de traductrice (au commencement de 1920) expliquent qu'une partie des publications pragoises dans lesquelles Kafka fait alors, grâce à elle, sa première percée vers un public non germanophone aient été plutôt orientées à l'extrême-gauche. Mais rien ne dit qu'il en épouse toutes les vues. Plus important paraît le soutien implicite qu'il apporte, au printemps 1920, dans une lettre à Max Brod (et non à Milena), aux révolutionnaires de Bavière (Landauer, Toller, Leviné), férocement réprimés en 1919 et qu'il défend contre l'antisémitisme et l'anticommunisme de ses commensaux de Merano et, plus largement, contre le déferlement de haine du « judéo-bolchevisme », qui commence à empoisonner la vie des

---

41. F. Kafka, *À Milena*, p. 220 (28.8.1920). Cette traduction paraîtra en 1923.
42. F. Kafka, *ŒC, II*, p. 187 et 188.

pays, anciens ou nouveaux, nés des décombres des Empires centraux. Son soutien aux bolcheviks — même si l'argumentaire de Russell contre eux n'est pas antisémite — prolonge cette première réaction (il est intéressant de noter que Milena en 1920 traduit aussi un texte de Landauer dans la revue qui a publié sa première traduction de Kafka). Plus que d'affirmer une position révolutionnaire, il s'agit de témoigner sa considération — prise en compte et respect — envers une catégorie d'acteurs politiques que l'opinion majoritaire traite alors comme des réprouvés. Dans le cas des bolcheviks, d'autres facteurs de rapprochement ont pu jouer (critique d'une société fondée sur l'argent, contestation de l'autorité politique traditionnelle) ; ils résonnent, eux aussi, avec des expériences de l'auteur, (son aide financière à Milena) ou avec des textes récents et restés inédits : « La communauté des travailleurs non-possédants » (1918) ou la *Lettre au Père* (fin 1919).

Une fois pris acte du fait que cette réaction à Russell n'est pas ponctuelle et fortuite, reste le paradoxe d'un écrivain fréquemment associé par la critique à la dénonciation des sociétés totalitaires apparues au XXe siècle et que l'on voit ici céder, et très tôt, au « charme universel d'Octobre ». Pouvait-on, cinq ans après avoir écrit *Le Procès*, se faire contre Russell l'avocat de l'ordre léniniste ? Si l'on ne peut surmonter ce paradoxe, on ne doit pas non plus le passer sous silence. Mieux vaut prêter à nouveau attention aux textes écrits à la fin d'août 1920 et visiblement inspirés par la lecture de l'auteur anglais. S'ils prolongent ceux de 1917 sur « La muraille de Chine », ils apportent aussi des éléments nouveaux : l'apparition d'une conscience de la division sociale, ainsi que d'une opinion révolutionnaire, et la mise en cause de la légitimité du pouvoir politique à dominer la société. Les raisonnements compliqués du narrateur paraissent ménager en creux, tout en la redoutant, l'éventualité d'une issue révolutionnaire (analogue à celle que les bolcheviks ont, eux, choisie avec succès). Le lecteur contemporain peut toutefois y discerner une autre possibilité, à l'écart du maintien de l'ordre établi comme de l'imposition d'un ordre nouveau : la reconnaissance de la division sociale articulée avec l'instauration d'une loi ouverte à tous. Précisément l'opposé du modèle bolchevique. Malgré les apparences, la leçon de Russell n'a peut-être pas été perdue.

Jean-Pierre MOREL
Université Paris 3 — Sorbonne nouvelle

Résumés

Meng HUA, « Sans fondement, aucune chose n'a sa raison d'être » : sur le statut et le rôle des échanges littéraires internationaux, *RLC* XCV, n° 2, avril-juin 2021, p. 139-150.

Cet article se veut une défense de la littérature comparée et par conséquent un plaidoyer pour les relations littéraires internationales ou mieux les relations littéraires et interculturelles. Ce champ de recherche a été un des fondements de la discipline. Même si celle-ci a pu être attaquée, elle conserve sa légitimité en continuant à exploiter ce domaine qui ne se réduit pas à l'étude des « rapports de fait », nécessaires, utiles, mais qui appellent d'autres ouvertures interdisciplinaires ainsi que le recours à la poétique comparée.

Carlos GARCÍA GUAL, **Acerca de traducciones de antiguos clásicos**, *RLC* XCV, n° 2, avril-juin 2021, p. 151-162.

Las sucesivas traducciones de los poemas homéricos en las diversas lenguas europeas forman una tradición literaria de largos ecos interesantes y tal vez no muy conocida. Este breve ensayo intenta rememorar y comentar las diversas versiones al castellano de la Ilíada y la Odisea desde uno y otro lado del Atlántico con atención a las más recientes.

Manfred SCHMELING, **« La plus belle discipline au monde »** : ma vie de comparatiste entre la France et l'Allemagne, *RLC* XCV, n° 2, avril-juin 2021, p. 163-172.

Cet article est un bilan très personnel. On y trouve de petites anecdotes aussi bien que des réflexions académiques et scientifiques, présentées dans la perspective d'un comparatiste allemand qui, comme membre du comité d'honneur, a eu et continue d'avoir le plaisir de suivre le travail de la *RLC* de très près. La collaboration franco-allemande se trouve au centre de cette réflexion sur la littérature comparée comme une discipline qui continue de progresser mondialement.

János RIESZ, **L'Afrique et la littérature comparée**, *RLC* XCV, n° 2, avril-juin 2021, p. 173-188.

C'est un témoignage personnel. Mon passage de la littérature comparée à la littérature africaineme parut une évolution « naturelle ». J'ai retrouvé toutes les questions dans l'Afrique qui m'intéressaient déjà dans les littératures européennes. J'ai compris, dès le début, qu'il n'existait pas de critique ou d'histoire littéraire « africanologique », mais que les deux littératures obéissaient aux mêmes lois et aux mêmes règles. Inutilede chercher une spécificité africaine qui la distinguerait des littératures européennes. Il n'y a qu'une seule littérature « mondiale ».

Eduardo F. COUTINHO, **La littérature comparée et mon expérience person-nelle**, *RLC* XCV, n° 2, avril-juin 2021, p. 189-198.

L'article retrace un parcours intellectuel et des apprentissages successifs depuis le Brésil des années 60, puis le passage décisif par les universités améri-caines (Berkeley en particulier). Ce sont aussi des réflexions sur l'évolution des thèmes et des méthodes de recherche sur près d'un demi-siècle.

Giovanni PUGLISI, **Une abeille dans la ruche des études comparatistes ita-liennes**, *RLC* XCV, n° 2, avril-juin 2021, p. 199-206.

Le titre choisi pour ce témoignage personnel met l'accent sur un parcours atypique. Le point de départ est la Sicile et l'apprentissage de l'enseignement philosophique, jugé très vite insuffisant ou inadapté aux perspectives plus lar-gement culturelles qui étaient recherchées. L'évocation des étapes successives d'une carrière est aussi l'occasion de présenter les perspectives offertes par la littérature comparée, en particulier le dialogue des cultures.

Daniel-Henri PAGEAUX, **Georges Le Gentil compagnon de route de la pre-mière heure du comparatisme**, *RLC* XCV, n° 2, avril-juin 2021, p. 207-216.

Hispaniste de formation, Georges Le Gentil (1875-1954) s'est tourné vers le Portugal et le Brésil, mais il a été aussi attiré très tôt par la littérature comparée. En témoigne sa participation au second numéro de la *RLC* avec un article sur les rapports entre *Le Bourgeois gentilhomme* de Molière et *O fidalgo aprendiz* de Francisco de Melo. Après une lecture qui a valeur de méthode, Le Gentil conclut à une possible connaissance par Molière de la comédie portugaise.

Tone SMOLEJ, **Slavko Ježić entre Vienne et Paris. Un marquis Croate qui traduisait de l'italien et du français. Un George Dandin qui parle slovène**, *RLC* XCV, n° 2, avril-juin 2021, p. 217-224.

En 1916, Slavko Ježić (1895-1969) a achevé son cursus d'études romanes et slaves à l'Université de Vienne en soutenant un thèse de doctorat consacrée à la création littéraire du marquis croate F. Kr. Frankopan (1643-1671), plus connu pour avoir participé à un complot contre les Habsbourgs. En s'intéressant au legs du marquis, Ježić a surtout étudié les retranscriptions des conférences dispen-sées aux académies italiennes de la cour de Vienne ainsi que la traduction d'un fragment du *George Dandin* de Molière où le célèbre cocu s'exprime en slovène. En 1921, ayant obtenu une bourse pour étudier à Paris, Ježić a publié un court résumé de sa thèse dans la *Revue de littérature comparée*.

Yves-Michel ERGAL, **À propos d'une poésie révolutionnaire de TH. C. Pfeffel**, *RLC* XCV, n° 2, avril-juin 2021, p. 225-226.

Commentaire sur la notice parue dans le premier numéro de *Revue de litté-rature comparée* en janvier 1921, rédigée par Marie-Joseph Bopp, à propos d'un chant patriotique alsacien, écrit en 1790, par Theodor Conrad Pfeffel.

Yvan Daniel, **Premières « Influences orientales » dans la** *Revue de littérature comparée* **(1921-1925)**, *RLC* XCV, n° 2, avril-juin 2021, p. 227-238.

La question des « influences orientales » dans les littératures européennes apparaît dès 1921 dans la *Revue de Littérature Comparée,* d'abord indirectement à travers les ouvrages signalés dans les bibliographies qui accompagnent chaque numéro. L'« Orient » désigne alors des aires culturelles et linguistiques très larges, du Proche-Orient biblique et musulman jusqu'à l'Asie orientale, en passant par l'Inde. Cet article examine, sur les cinq premières années de la *Revue,* les premières publications d'études comparatistes sur ce sujet, et s'interroge, plus généralement, sur les débats qui portent à cette période sur les causes et les conséquences de ces échanges de plus en plus fréquents entre l'Europe et le monde oriental et asiatique.

Jean-Pierre Morel, **Kafka, Bertrand Russell et les bolcheviks**, *RLC* XCV, n° 2, avril-juin 2021, p. 239-252.

Publié à Prague en août 1920, un extrait des fameuses « Impressions de Russie bolchevique » de Bertrand Russell, recueillies en mai-juin 1920 et parues peu après en anglais, a provoqué chez Kafka deux réactions simultanées, aussi vives qu'inhabituelles : l'une, politique, dans deux lettres à Milena Jesenská, la femme alors aimée, l'autre, littéraire, dans trois récits écrits d'affilée. En partant de la version pragoise du texte de Russell, on tentera de reconstruire et d'interpréter cet épisode couramment négligé par les biographes, tant de Kafka que de Milena. Cinq ans après avoir écrit *Le Procès,* pouvait-on, contre Russell, défendre l'ordre léniniste ?

Abstracts

Meng HUA, "**Without a foundation, no thing has a reason to exist**". **On the status and function of international literary exchanges**, *RLC* XCV, no. 2, april-june 2021, p. 139-150.

This contribution is a defense of comparative literature and, therefore, a plea for internation literary relations, or rather literary and intercultural relations, a field of research that has been one of the foundations of the discipline. Even if it has been attacked, it retains its legitimacy by continuing to exploit this field which is not reduced to the study of "de facto relations," which are necessary and useful, but which call for other interdisciplinary openings as well as the use of comparative poetics.

Carlos GARCÍA GUAL, **About translations of ancient classics**, *RLC* XCV, no. 2, april-june 2021, p. 151-162.

The successive translations of Homer's poems into the european languages from a long lasting literary tradition perhaps are not very well known. This essay attempts to recall and comment the Spanish versions of the Iliad and the Odyssey from both sides of the Atlantic Ocean with special attention to the more recent.

Manfred SCHMELING, "**The most beautiful discipline in the world**": **my life as a comparatist between France and Germany**, *RLC* XCV, no. 2, april-june 2021, p. 163-172.

This contribution is a very personal record. It mixes anecdotal details with academic and scholarly reflections, presented from the perspective of a German comparatist who, as a member of the editorial committee, has had the pleasure of experiencing the work of the *RLC* first-hand. Franco-German cooperation is at the heart of this exploration of comparative literature as a discipline that has flourished around the globe.

Janos RIESZ, **Africa and Comparative Literature**, *RLC* XCV, no. 2, april-june 2021, p. 173-188.

This is a personal testimony. When I started my studies in the field of African literatures, coming from comparative studies in European literatures, I felt very soon that there was no real difference between the two literatures. The essential questions were the same: literary genres, aesthetics, historical questions, aspects concerning the individual and the societies whether they were different or not as to race, nation or political orientation.

Eduardo COUTINHO, **Comparative Literature and my own personal experience**, *RLC* XCV, no. 2, april-june 2021, p. 189-198.

This contribution delineates an intellectual path and the successive learnings carried out since Brazil in the 1960s and the decisive passage by the American universities (Berkeley in particular). It also delivers thoughts on how research themes and methods have evolved, over nearly half a century.

Giuseppe PUGLISI, **A bee in the hive of Italian Comparative studies**, *RLC* XCV, no. 2, april-june 2021, p. 199-206.

The title chosen for this personal testimony emphasizes an atypical itinerary. The starting point is Sicily and the learning of teaching philosophy, which quickly appeared insufficient or unsuited to the broader cultural perspectives that were sought. The evocation of the successive stages of a career is also an opportunity to present the perspectives offered by comparative literature, as the dialogue of cultures.

Daniel-Henri PAGEAUX, **Georges Le Gentil , a fellow traveler from the beginning of Comparatism**, *RLC* XCV, no. 2, april-june 2021, p. 207-216.

Hispanist by training, Georges Le Gentil (1875-1954) was interest in Portugal and Brazil, but he was also early attracted to comparative literature, as evidenced by his participation in the *RLC*'s second issue, an essay on the relationship between Molière's *Le Bourgeois gentilhomme* and Francisco de Melo's *O fidalgo aprendiz*. Le Gentil concludes his reading, endowed with a methodological interest, with the idea that Molière may have known Portuguese comedy.

Tone SMOLEJ, **Slavko Ježić between Vienna and Paris. A Croatian Marquess who had translated from Italian and French. A George Dandin who speaks French**, *RLC* XCV, no. 2, april-june 2021, p. 217-224.

Slavko Ježić (1895-1969) studied Romance and Slavic languages at the University of Vienna, obtaining his doctorate with a dissertation on litearary works by the Croatian Marquess F. Kr. Frankopan (1643-1671), who is more widely known as a conspirator against the Habsburgs. In Marquess' archives, Ježić studied in particular his copies of lectures from Italian academies that were active at the Viennese Court as well as his translation of a passage of Molière's comedy *George Dandin*; in Frankopan's version of the text, the betrayed husband speaks in Slovene, with a comical effect. In 1921, when Ježić was in Paris on a scholarship, he had a short summary of his dissertation published in the first volume of the *Revue de littérature comparé*.

Yves-Michel ERGAL, **On a revolutionary poem by Th. C. Pfeffel**, *RLC* XCV, no. 2, april-june 2021, p. 225-226.

Commentary on the notice that was published in the first issue of the *Revue de littérature comparée* in January 1921, written by Marie-Joseph Bopp, about an Alsatian patriotic song, written in 1790, by Theodor Conrad Pfeffel.

Yvan DANIEL, **First "Oriental Influences" in the** *Revue de Littérature Comparée* **(1921-1925)**, *RLC* XCV, no. 2, april-june 2021, p. 227-238.

The question of "oriental influences" in European literature appeared in the *Revue de Littérature Comparée* as early as 1921, first indirectly through the works mentioned in the bibliographies accompanying each issue. The "East" then designates very broad cultural and linguistic areas, from the biblical and Muslim Near East to East Asia, including India. This article examines, over the first five years of the Review, the first publications of comparative studies on this subject, and looks more generally at the debates that took place during this period on the causes and consequences of these increasingly frequent exchanges between Europe and the Eastern and Asian world.

Jean-Pierre MOREL, **Kafka, Bertrand Russell and the Bolsheviks**, *RLC* XCV, no. 2, april-june 2021, p. 239-252.

An excerpt from Bertrand Russell's famous "Impressions of Bolshevik Russia," which were gathered in May-June 1920 and published shortly thereafter in English, triggeed two simultaneous responses in Kafka when published in Prague in August of that same year, both as vivid as they were unusual: a political one first, in two letters sent to Milena Jesenská whom he loved at the time; then a literary one, through three stories written consecutively. Taking cues from the Prague version of Russell's text, we will seek to reconstruct and construe this episode, often overlooked by biographers of both Kafka and Milena. Could one stand for the Leninist order just five years after having written *The Trial*?